苏商与苏商文化

主　编　薛茂云　王志凤
副主编　卢冠明　岳争艳
　　　　王　兵　黄绮冰

微信扫码，查看更多资源

南京大学出版社

图书在版编目(CIP)数据

苏商与苏商文化 / 薛茂云,王志凤主编. —南京:
南京大学出版社,2023.1(2025.1重印)
ISBN 978-7-305-26252-4

Ⅰ.①苏…　Ⅱ.①薛…②王…　Ⅲ.①商业史－江苏
Ⅳ.①F727.53

中国版本图书馆 CIP 数据核字(2022)第 213378 号

出版发行　南京大学出版社
社　　址　南京市汉口路 22 号　　　邮　编　210093
书　　名　苏商与苏商文化
　　　　　SUSHANG YU SUSHANG WENHUA
主　　编　薛茂云　王志凤
责任编辑　武　坦　　　　　　　编辑热线　025-83592315
照　　排　南京开卷文化传媒有限公司
印　　刷　南京人文印务有限公司
开　　本　787 mm×1092 mm　1/16 开　印张 11　字数 180 千
版　　次　2023 年 1 月第 1 版
印　　次　2025 年 1 月第 3 次印刷
ISBN 978-7-305-26252-4
定　　价　45.00 元

网　　址:http://www.njupco.com
官方微博:http://weibo.com/njupco
微信服务号:njuyuexue
销售咨询热线:(025)83594756

前言 | F O R E W O R D

　　水润江苏,儒商风范。苏商是一个具有人文特质的商人群体,是 5000 年的传统文化与现代商业精神的完美融合。苏商在岁月的长河里不断创新,自我提升,与时俱进。明清以来,以地域命名的商帮相继兴起,比较著名的有晋商、苏商、徽商、浙商、鲁商和粤商。其中,苏商以兴办"实业"独树一帜,在近代至今的一个多世纪中,苏商创办的实业无论数量还是规模都引人注目,从中产生一个又一个杰出的工商实业家和一批又一批业绩骄人的工商实体,成为中国民族工业的翘楚。"虎踞龙盘今胜昔",不同凡响的苏商,超群绝伦的不仅仅是世代流芳的历史,更是现在的卓绝成就。

　　苏商夙兴夜寐、艰苦创业的一幕幕被历史铭记。他们为江苏经济和社会从传统到现代的转型注入强劲的活力,他们实业报国,回馈社会,造福乡里,推动一方繁荣,高瞻远瞩,德厚流光。苏商爱国惠民的奉献精神、开放包容的创新精神、诚信稳健的求实精神、竞合共赢的协作精神、敢为人先的拼搏精神,使遇挫者重整旗鼓,使创业者再接再厉,使成功者奋武扬威,使教育者欢欣鼓舞。本书编写团队掇菁撷华,选取不同时代的若干苏商典范,滴水见阳光,再次点燃人文精神的火炬,照亮前行的路程。"苏商与苏商文化"作为江苏经贸职业技术学院学生的必修课,更有深意,希望莘莘学子懂苏商、学苏商、做苏商,进一步弘扬苏商精神,并一代一代接力传承,把过往的灿烂化为明天的辉煌!

　　本书采用案例引导、故事叙述编写模式,通过苏商百年绵延发展历程中每个时代背景下的真实人物案例分析,彰显了这些工商实业家、劳模、大国工匠等的实业报国情怀与苏商精神。教材以情境案例和商例赏析为体例编写,更加符合现代青年学生的学习习惯,更好激发学生学习动力。这样的编排设计打破传统以知识逻辑为主线、专业理论为主体的教学内容,针对工作任务需要,以职业活动为主线,以培养职业能力为本位,重新组织设计教学内容,创设尽可能与工作实境相似的教学环境,摒弃教师灌输知识、学生被动接受、理论与实际脱节的讲解方式,形成案例分析探讨与工作学习同步的知识传授模式。教材理念先进,编排设计新颖,彰显了公共基础素质课程的职业性、实践性和开放性。

苏商与苏商文化

目录|CONTENTS

目

录

苏商与苏商文化

第一章

苏商文化
源远流长

> 　　中国近代实业家、政治家、教育家、书法家张謇的思想主张是实业救国，他说："世人皆言外洋以商务立国，此皮毛之论也，不知外洋富民强国之本实在于工……（中国）但能于工艺一端，蒸蒸日上，何至有忧贫之事哉！"

　　辖江临海、扼淮控湖的江苏，因公元 1667 年江南省东西分置而建省，取江宁、苏州两府的首字而得名。江苏水网密布，湖泊众多，京杭大运河流经省内徐州、宿迁、淮安、扬州、镇江、常州、无锡、苏州 8 个地级市，流淌着苏商的无尽智慧；江苏平原辽阔，经济繁荣，自古以来就有"鱼米之乡"的美誉；江苏教育昌盛，文化多元，拥有吴、金陵、淮扬、中原四大文化，是中国古代文明的发祥地之一；江苏资源丰富、地跨南北，同时具有南、北方的特征；江苏综合竞争力、民生指数均居中国各省之首，是中国综合发展水平最高之省。

　　山河悠悠，日月更替，江苏所处的长江三角洲城市群，已经成为国际六大世界级城市群之一。花开花落，苏商创业，世代传承；云卷云舒，苏商内涵，丰富多彩。

一、苏商内涵

　　本书的苏商，从广义的视角看，包括三个方面：一是历代在江苏出生、在江苏境内经营的工商企业家；二是历代在江苏出生、在省外经营的工商企业家；三是历代不在江苏出生但在江苏境内经营的工商企业家。苏商的变迁不仅对江苏经济产生巨大影响，还对全国各地的企业家群体产生不可估量的影响。为了便于理清苏商发展脉络，本书按照时间的先后顺序，将苏商内涵划分为古代苏商内涵、近代苏商内涵、现代苏商内涵。

（一）古代苏商内涵

古代苏商指自春秋战国到鸦片战争之前以洞庭商帮为主体的江苏商人。

春秋战国的范蠡，辞官在宜兴贩卖陶器等商品，开启了苏商的先河。汉代吴王刘濞在以太湖流域为核心的吴国发展王室经济，积聚巨财，成为大吴商，后铸就"七国之乱"被杀。孙权在金陵建立吴国，多次派人到今朝鲜、韩国等地贸易，吴国大臣也竞相经商，吴国的商业经济很发达。吴国连同其后的东晋、宋、齐、梁、陈六朝的中心在江苏，时间绵延数百年，使苏商有了良好的生存基础。隋朝大运河的开凿促进了江苏地区商业经济的发展，尤其是大运河的中心扬州，一直到宋代都是长江流域的商业中心，当时的药、茶等商品均在扬州集散。明朝朱元璋定都南京，采取免税减税等重商措施，故明清时期苏商发展进入黄金期。

古代以洞庭商帮为主体的苏州商人脱颖而出。江苏本地商人以生活在太湖东、西山的洞庭山人最为著名。虽苏商与徽商、晋商、闽商、粤商并驾齐驱，世称五大商帮，但洞庭商的名气比苏商还大。明洪武年间，苏州西山人蔡仲铭就开始在淮阴经商。到明中叶，苏州吴县的洞庭山人大规模地外出经商，其名称有书可证的最早源于小说家冯梦龙的小说集《醒世恒言》："话说两山之人，善于货殖，八方四路，去为商为贾，所以江湖上有个口号，叫作'钻天洞庭'。"洞庭商帮凭借自己的聪明才智和吃苦耐劳、顽强拼搏的精神，闯出一方天地。凌濛初在"三言二拍"中，多次写到太湖洞庭两山的人和事。洞庭山里有句俚语："经商钱三十年，种田致富万万年。"这话与传统说法"经商富不过三代"有异曲同工之妙。这倒不是说商人没有积累三代财富的智慧，而是国人"重本轻末"思想和忽视商业劳动意识的流露。国人始终认为务农劳动是实实在在的，而经商总是"白手厚获""奸诈盘剥"，所以经商获利来得容易，去得也快。"经商钱三十年"，也许正是从许多轮回的案例中总结出来的。人们"不畏贫，而畏不公"的仇富心理，和朝廷、官府的抑商政策，历来是悬在富商头上的"两把刀"，使富商在积累财富时缺乏安全感，甚至会有强烈的恐惧心理和财富的幻灭感。在这种情况下，洞庭山人不会把精力都集中在生产领域，扩大生产经营，把企业做大，以提升外国企业外国资本袭来时与之抗衡的能力，反而是乐于根据现实将财富实行分流。洞庭山人财富的分流常常有六个流向，即奢侈消费、改善关系、积书教子、购买土地、转为高利贷资本和囤积货币。

　　苏州（隋前称姑苏）城乡商业街市的繁盛景况除各种文献记载外，还有极为难得的文献以外的实景式的形象记录——徐扬的《姑苏繁华图》。徐扬是苏州吴县人，乾隆时著名画家。徐扬的《姑苏繁华图》全长 1 241 厘米，高 39 厘米，共描绘络绎不绝的画舫货船 400 多艘，熙来攘往的客商行人 1.2 万多人，沿街红飞翠舞的各种店号商铺 600 多家，包括 50 多个行业。其中，丝绸店铺 14 家，棉花棉布业 23 家，染料染业 4 家，蜡烛业 5 家，酒业 4 家，凉席业 6 家，油漆、漆器业 5 家，铜铁锡器业 5 家，金银首饰珠宝玉器业 8 家，衣服鞋帽手巾业 14 家，图书字画文化用品业 10 家，灯笼业 5 家，竹器业 4 家，窑器瓷器业 7 家，粮食业 16 家，钱庄典当业 14 家，酒店饭馆小吃等饮食副食业 31 家，医药业 13 家，烟草业、洋货业、杂货业、柴炭、皮货行、麻行、猪行、乐器店、船行、茶室、澡堂、花木等行业共 76 家。可以说清前期的苏州，是少数几个云集全国乃至外洋货物的商品中心，全国著名的丝绸生产、加工和销售中心，全国最大和最为集中的棉布加工和批销中心，江南地区最大的粮食消费和转输中心，全国少见的金融流通中心、刻书印书中心，颇为发达的金银首饰、铜铁器以及玉器漆器加工中心，开风气之先和领导潮流的服饰鞋帽中心，独步全国的美味美食饮食中心，设施齐备、服务周到的生活中心，交通便利的运输中心。徐扬以写实的手法，在《姑苏繁华图》中将苏州这一当时全国最为著名的都会之地、工商中心的繁盛市容全方位、直观式地展示了出来①，称得上是清代前中期苏州城市风貌的一个缩影。

---

① 范金民.《姑苏繁华图》:清代苏州城市文化繁荣的写照[J]. 江海学刊,2003(5).

（二）近代苏商内涵

近代苏商指自鸦片战争到新中国成立后，改革开放之前的江苏工商企业家。近代苏商不局限于苏州，也不局限于商品买卖的中间商。

近代苏商崇尚实业，或以实业兴国，或以经商富民，是推动江苏经济发展的中坚力量。清末，江苏出现一个兴办近代工矿企业的热潮。据统计，从1895—1911年苏商共创办工矿企业218家，资本总额4 252万元，约占全国新办民族企业的50%。当时江苏商办资本额在5 000银圆以上的工矿企业有115家。苏商创办的实业无论规模和数量都让其他商帮望尘莫及。民国成立以后，民族工商业者逐渐成为中国资本主义的主体，自由主义经济有了广泛的市场，中国的民间资本开始活跃，在1936年达到了一个巅峰。民国初年，苏商先后创办数百个近代化企业，使江苏文化呈现出"机声隆隆，百业繁昌"的文明之象，江苏成为中国近代民族工商业的发祥地之一。1919年，在北洋政府工商部注册的375家近代工厂中，江苏有55家，居全国之首。1918年，江苏纱锭数占全国的80.3%。[①]

二十世纪二三十年代，是中国民族工商业历史上一个短暂的黄金时代。第一次世界大战爆发后，帝国主义列强忙于互相厮杀无暇东顾，这恰好给了中国工商业一次有利的发展机遇。当时政府放松了对民间兴办实业的限制，允许私人开设工厂，许多怀揣"实业救国"理想的有识之士，开始筹资兴办工厂。根据杜恂诚《民族资本主义与旧中国政府（1840—1937）》一书中所附"历年所设本国民用工矿、航运及新式金融企业一览表"的统计，从1895—1927年，江苏省内（不含上海）共新办各种工商企业300多家，涉及30多个行业。这300多家的企业投资都在万元以上，并且是纯商办企业，完全由私人投资，总投资额达4 860万元左右。如果加上投资万元以下的企业，那么江苏近代的工商企业就更加蔚为大观了，这在一定程度上反映出民初私人投资办厂的热潮，也使民初江苏社会风貌呈现出"资本主义第一春"[②]的新气

---

① 王国平，周新国. 江苏经济发展与现代化历史进程研究[M]. 苏州：苏州大学出版社，2008：99.

② 朱季康，赵静. 和谐共进：再论江苏"资本主义第一春"出现的原因[J]. 江苏商论，2006(6).

象。就兴办地点而言，苏商创办的企业遍布全省各市县，但主要集中在无锡、苏州、镇江、南通、南京、常熟、常州、泰县、江都、如皋、徐州等地。特别是无锡，更是集中了其中的80多家企业。毛泽东同志讲到中国的民族工业时总结：有四个人不能忘记。讲到（民族）重工业，不能忘记张之洞；讲到轻工业，不能忘记张謇；讲到化学工业，不能忘记范旭东；讲到交通运输业，不能忘记卢作孚。这四个人中，张之洞曾长期担任两江总督，任职地在江苏，是洋务派的中坚人物；张謇为江苏南通人，大半生实业经营都在南通境内；范旭东所创办的水利化学工业公司选址南京，即如今中石化南京化学工业有限公司的前身。毛泽东同志概括了近代苏商在民族工业发展史上的重要地位。①

近代苏商作为中国第一代的民族资本家，遵循“远官僚、亲商人”的古训，与封建王朝的政治、经济联系并不密切，避免重蹈晋商、徽商在政治斗争中大起大落的覆辙，思想较为开放，特别是长期从事经商活动，视野宽阔，为人精明，对开办实业雄心勃勃。他们对西方资本主义也有所耳闻，具有引进外国资本主义生产经营的新理念，实业救国论已经成为流传于资产阶级上层人物间的普遍论调。在这种思潮的影响下，大批民族资本家投身于创办各种企业，兴办学校，以实业资助教育，又以教育改进实业，以实现“实业救国”的理想，凭借自身的努力，成为各自领域的佼佼者，是当之无愧的实业大王。他们从地方商帮一跃成为能够左右民族经济、切实增强国内经济实力的民族资产阶级商业流派，近代苏商在推动江苏经济和社会发展的同时，实现了自身质的飞跃。

（三）现代苏商内涵

现代苏商指改革开放后江苏大批民营工商企业家、国有企业管理者和在外资企业任职的CEO、高级管理者。

光阴荏苒，斗转星移。苏商乘着十一届三中全会改革开放的强劲东风，凭着逢山开路、遇水架桥的闯劲，凭着滴水穿石、久久为功的韧劲，凭着勤劳和智慧迅速成为江苏经济社会发展的重要力量，书写了波澜壮阔的答卷。江苏作为全国经济大省、开放大省、创新大省，在时代的大潮中不负重托，奋

① 卢雄勇. 苏商精神及其社会价值[M]. 南京：江苏教育出版社，2011：8.

力争先,既重视高速度,更重视高质量,是中国发展进步的精彩缩影和中国特色社会主义的生动实践。

20世纪80年代初,江苏苏南地区利用临近上海的地理优势,在社队办企业的基础上,实现经济发展"由农到工"的转变,关键是抓住了率先起步、大力发展乡镇企业的机遇。"户户点火,村村冒烟",是当时整个苏南农村办企业的真实写照。宽松政策的鼓舞,地理位置的优越,使苏南乡镇企业星火燎原,雨后春笋般地快速成长,涌现了大批乡镇企业家,成为现代苏商的主体。

江苏乡镇企业步入了快速发展的新阶段。"堰桥模式"和"苏南模式"成了这个阶段的典型代表。1983年年初,无锡堰桥乡受农业家庭联产承包责任制的启发,在原社队企业的经济管理体制上大胆探索改革,形成了"一包三改"的模式。1983年,堰桥乡农副工三业总产值比上年增长了74%,社员的人均收入比上一年增长了一倍多。堰桥的"一包三改"经验及时得到总结推广,各地因地制宜地学习和实践。就在这一年,知名社会学家费孝通发表了《小城镇 大问题》一文,总结提炼出了"苏南模式"这样一个概念。华西村的崛起就是"苏南模式"的典型代表,也是"农转工"阶段苏南乡村发展的成功探索和实践。"苏南模式"的特征是政企不分,现代苏商同时具有官员身份,企而优则仕,仕而优则企。例如,江苏张家港人沈文荣,既是沙钢集团董事长、总裁、党委书记,又担任过中共张家港市委副书记和市政协主席,还是全国人大代表、中共十六大代表。因此,从严格意义上讲,当时苏南地区乡镇企业的经理、厂长、董事长们并不能算是真正意义的企业家,他们大多数由上级任命,只是集体企业的经营者,而非所有者。直至1998年亚洲金融危机后,苏南乡镇企业开始第二次企业所有制改革,大多数企业将集体股份剥离,组建成有限责任公司、有限公司、股份有限公司以及个体工商户。据有关部门统计,截至2000年年底,苏南地区已有8.5万多家乡镇企业完成改制,达到乡镇企业总数的93%。① 至此,苏南地区扬弃"旧苏南模式",诞生"新苏南模式",苏南企业具有了现代企业的特征,并取得了显著的经营管理成效。现代苏商一步步清晰地展现在大庭广众面前,他们塑造了乡镇工

① 卢雄勇.苏商精神及其社会价值[M].南京:江苏教育出版社,2011:9.

业的辉煌,奠定了乡镇经济的历史基础,在江苏经济社会发展中发挥举足轻重的作用。

生态宜居已经成为人们的内心向往,生态文明更是社会发展的必然要求。因此,社会发展已经倒逼产业发展,江苏经济为了生态宜居而转型已不是一个可选项,而是必选项。近几年,苏商广泛关注江苏经济和生态文明的同步发展问题,不断探寻江苏经济转型与生态文明建设同步推进的对策。他们坚持环保优先,积极淘汰落后产能,把生态文明理念融入经济社会发展中,开启了新时代新征程。苏商在经济高速发展与经济健康发展中开始做出理性抉择,以"功成不必在我,功成必定有我"的精神,以"卧薪尝胆,三千越甲可吞吴"的韧性,以"风雨过后见彩虹"的期待,推进江苏经济生态转型。苏商为了让经济发展从谋取数量转向追求质量,在经济发展考核上增加了生态发展等绿色考核指标。他们学习"两山理论",树立生态文明理念,拓宽作为企业家的眼界与思路,充分认识到经济发展不能用"绿水青山换取金山银山",而是"既要金山银山也要绿水青山",最终达到"绿水青山就是金山银山"的成效。从此,苏商增强推进生态转型的信心,并逐步落实到行动中。

解说苏商内涵

××学院2018级工商管理专业学生张××到苏州吴江××集团有限公司实习,吴江××集团有限公司的业务经理说:"我们苏州吴江自古繁华,商人辈出,都说苏商'牛',你是工商管理专业即将毕业的学生,请你谈谈苏商的内涵。"

张××同学想了想,脱口而出:"苏商就是以苏州为主的江苏商人。"

案例评价:

张××作为××学院即将毕业的学生,回答问题,不假思索,如探囊取物,简单明了,但浮光掠影,轻描淡写,比较肤浅。

广义的苏商包括三个方面:一是历代在江苏出生、在江苏境内经营的工商企业家;二是历代在江苏出生、在省外经营的工商企业家;三是历代不在江苏出生但在江苏境内经营的工商企业家。按照时间的先后顺序,苏商包括古代苏商、近代苏商、现代苏商。古代苏商指自春秋战国到鸦片战争之前以洞庭商帮为主体的江苏商人。近代苏商指自鸦片战争到新中国成立后,改革开放之前的江苏工商企业家。现代苏商指改革开放后江苏大批民营工商企业家、国有企业管理者和在外资企业任职的CEO、高级管理者。

二、苏商种类

苏商种类,实际上是从另一个角度,进一步丰富苏商的内涵。本书按照苏商的从业经历、经商地区和身份来源,将苏商分为四类:绅士苏商、官办苏商、买办苏商和草根苏商。

(一) 绅士苏商

所谓绅士苏商,指由科举功名之士或退居乡野的官员转去经营工商业的那类苏商。

绅士指不在朝又享有某些政治和经济特权的知识群体,包括科举功名之士和退居乡里的官员。绅士源于17世纪中叶的西欧,由充满侠气与英雄气概的骑士发展而来,后在英国盛行并发展到极致。后又延伸到绅士风度,绅士风度既是英国民族文化的外化,又是英国社会各阶层在看齐上流社会的过程中,以贵族精神为基础,掺杂了各阶层某些价值观念融合而来的一种全新的社会文化。《新华字典》释义:旧称地方上有势力有地位的人,一般是地主或退职官僚。绅士在乡一级称乡绅。绅士贬义为土豪劣绅;褒义为开明士绅。中西交往之后,该词被作为英语gentleman的意译之一。现代是指行为优雅有礼的男士。古书多有绅士的表述,清代魏源《圣武记》卷二:"弘勋等乃分遣绅士,裹粮深入贼巢,开导祸福。"《二十年目睹之怪现状》第42回:"我在这里,绝不交结绅士,就是同寅中我往来也少。"茅盾《大鼻子的故事》:"我们也许会在繁华的街角看见他跟在大肚子的绅士和水蛇腰长旗袍高跟鞋的太太们的背后。"

作为官方代表和村民代言人,绅士阶层在传统中国社会一直扮演重要的管理角色。中国传统封建社会是以乡村为基础,是在农村经济的基础上形成的乡土社会。乡土社会的基本单位是村落。村落是特定区域内的人们共同生产、生活的基本社会单元,在长期生产、生活的过程中,逐渐形成了具有中华民族特色的以乡土文化、家族文化与礼俗文化为主要表现形态的传统村落文化。传统村落文化具有区域性认同、家族文化主导、礼治大于法治等特点。传统村落文化的这些特点,使它在村级管理中发挥着非常重要的作用,一是维系村庄共同体。由乡土文化中的安土重迁、家族文化中的家族本位、礼俗文化中的人情礼俗所组成的纽带,将传统乡村社会构建为牢固的村庄共同体。在内部团结、和睦,而对外提防、疏离的传统村落文化中,村庄共同体得以维系着。二是维系村落自治。秦晖等认为,传统中国其实是"国权不下县,县下惟宗族,宗族皆自治,自治靠伦理,伦理造乡绅"①。造成村落社会自治除了地理、经济和政治等原因外,从文化角度上看,则是因为村落具备了自治的文化基础。在传统村落社会,士绅、长老等传统村落权威,能够借助传统村落文化的意识形态功能,调解村落社会纠纷,维持村落社会秩序。由于文化是最深层次的东西,它所造成的村落自治状态也因此更为长久。明清之际,随着封建社会内部阶层的变动,商人阶层与绅士阶层的对流,士人"治生"论兴起,苏南发达地区的商人颠覆了传统农本商末的思想,不再认为商人是四民之末,还产生了商重于农的理念,从毗邻上海的富庶地区,到多处的繁华小镇,越来越多的绅士开始兼营工商,一起谋利。甲午战争后,传统绅士阶层向工商界的转化加剧了,"弃士经商"蔚然成风。绅士经商,承办实业,成为近代江苏经济社会发展中一道亮丽的风景线。当时,著名绅士苏商如清末状元张謇在南通创办大生纱厂;另一绅士苏商陆润庠状元在苏州创办苏纶纱厂。除了状元以外,由科举仕途转入商界的绅士苏商,更是不乏其例。作为传统士人聚集的苏南,既开风气之先,又近地利之便,由绅士转商人的也最集中最明显。以苏州地区为例,清末几十年间就先后有湖北学政、元和人王同愈,宰相之子、三品候补道员潘祖谦,进士蒋炳章、吴本齐等几十人先后弃官经商。②

---

① 秦晖. 传统十论:本土社会的制度、文化及其变革[M]. 上海:复旦大学出版社,2004:69.

② 卢雄勇. 苏商精神及其社会价值[M]. 南京:江苏教育出版社,2011:9.

促使士人由绅而商的原因主要有二：

一是价值观的转变。近代江苏社会经济结构的内在变动及社会关系的调整，触动一些明智的士人关注社会现实，改变传统的价值观。在由农业宗法社会向现代工商社会转变的过程中，人们逐渐用经济成就的大小来评判个人的社会价值，而不是用道德文章的高低来评判个人的社会价值。往日高高在上、趾高气扬、目空一切的士绅，在人们的眼里不再神圣，不那么被崇拜了，士绅为了实现自己的价值，弃官从商。

二是科举制的变革。晚清，科举制度流弊丛生，成为维新派改革的主要目标。1905 年，清政府下定决心，"立停科举以广学校"，宣布"自丙午（1906年）科为始，所有乡会试一律停止"。科举制度的废除，数百万童生、数十万生员和数万举人如梦初醒，不得不另谋出路，时事维艰，迫于生计，有的不得不屈膝弯腰，俯首低眉，闯进商场，成为亦绅亦商的绅商。

（二）官办苏商

所谓官办苏商，指以科举功名和职衔、顶戴为标志，附身于官场，又广泛涉足工商经营牟利活动的那类苏商。

官办苏商是 19 世纪末 20 世纪初，伴随洋务运动流变出的一个非常奇特的社会阶层，这一新兴的社会阶层是清末民初十分活跃又举足轻重的社会集团力量。他们既有一定的社会政治地位又拥有相当的财力，逐渐取代传统绅士阶层成为大、中城市乃至部分乡镇中最有权势的在野阶层。正因为他们集官与商的双重身份于一身，上通官府，下达工商，是官与商之间的中介，有时可缓冲矛盾，起到既贯彻官府意图，又为工商界请命的"通官商之邮"的作用。官办苏商经办或承办的企业分为官办、官督商办、官商合办三种形式，后两种具有资本主义性质，前者没有。官商阶层的形成，既是明清以来官与商长期对流的结果，更是近代社会历史变动的产物，具有鲜明的时代特征。他们以追求剩余价值和高额利润为目的，既似官又似商，有的用商财商力以谋官，又用官威官势以凌商。

官办苏商中最著名的是清末北洋实业家盛宣怀，他是清末官员，洋务运动主将，有"中国商父""中国实业之父"之称。盛宣怀生于江苏武进，自小便立大志，为"做高官"而"办大事"，实际上，他"挟官以凌商，挟商以蒙官"，以高官之力使"大事"带上官僚垄断性。他一生的经商和从政生涯中有很多开天辟地的惊世之举,他创造了 11 项"中国第一":参与创办中国第一个民用洋务企业——轮船招商局;1880 年创办中国第一个电报局——天津电报局;1886 年创办中国第一个山东内河小火轮公司;1896 年接办汉阳铁厂,将汉阳铁厂渐渐发展为真正的钢铁联合企业——汉冶萍煤铁厂矿公司;建成中国第一条铁路干线——京汉铁路;1897 年创建中国第一家银行——中国通商银行;1895 年办成中国第一所正规大学——北洋大学堂;1897 年在南洋公学首开师范班,这是中国第一所正规的高等师范学堂;1902 年创办中国勘矿总公司;1904 年在上海创办红十字会;1910 年办成私人的"上海图书馆"。盛宣怀得到晚清重臣李鸿章的赏识,以官方代表登场,从以"官"护商、谋取暴利,到"利用官势以凌商",到辛亥革命前夕,便由民族性很强的资本家,变为用官方势力将轮船、电力、铁路、矿务、银行等关系国民经济命脉的企业连缀起来企图实行垄断的资本家。王尔敏所著的《盛宣怀与中国实业利权之维护》中对盛宣怀的评述还是比较全面的,他认为:"盛宣怀其在清末政治上地位之重要,不下于李鸿章、张之洞、袁世凯,而所从事建设各端,对于国家关系之大,尤远非李、张辈所能及……晚清工商企业家,俱在恶劣环境中,洋人侵凌下创造生机,奋力求活。彼辈百川竞流,各自奔趋。而其中经营领域最广,而才识最超卓者,当推盛宣怀,允为晚清企业界一代领袖。"[①]《盛宣怀传》的作者夏东元教授对盛宣怀的评价是:"处非常之世,走非常之路,做非常之事的非常之人。"

晚清的官办企业,实际上是洋务派官员经办或承办并负责经营的,有安庆内军械所、江南机器制造总局、金陵机器制造局、福州船政局、轮船招商局等,引入大量外国资本,主要从事军工产业,中央政府不支持但也缺乏控制力。晚清重农抑商,特别是中央政府对商业发展予以强力打压,汉族洋务派官员创办企业的政治地位极低,在重农抑商的政策环境下,晚清官办企业在产业链、融资、人才等方面都先天不足,社会形象也不佳,且面临列强大企业的强力冲击。晚清的官办企业解决了大清国库空荡的问题,培养了一批近

① 王尔敏. 盛宣怀与中国实业利权之维护[M]. 上海:华东师范大学出版社,2001:122.

代科技人才,对外国侵略起到了抵制作用,刺激了民族工业的产生,同时维护了清统治,为维新思潮奠定了基础。

 情境案例

了解官办苏商

　　××学院 2019 级物流管理专业学生廖××到常州××有限公司实习,常州××有限公司的经理说:"我们常州古代也称武进,晚清的盛宣怀就是我们武进人。人家都说他是官办苏商,你对官办苏商和盛宣怀了解得多吗?请谈谈你的看法。"

　　廖××同学不假思索地说:"官办苏商,指以科举功名和职衔、顶戴为标志,附身于官场,又广泛涉足工商经营牟利活动的那类苏商。""官办苏商中最著名的是清末北洋实业家盛宣怀,他是中国商父,有很多开天辟地的惊世之举,他创造了 11 项中国第一。""《盛宣怀传》的作者夏东元教授对盛宣怀的评价是'处非常之世,走非常之路,做非常之事的非常之人'。"

　　案例评价:

　　廖××同学对经理谈到的问题,即兴作答,并且回答得简明扼要,概念准确,有理论阐述,也有一定的数据支撑。作为物流管理专业大二的学生,他能这样回答,说他满腹经纶有言过其实之嫌,但可见其知识面还是比较广泛的。

(三)买办苏商

　　所谓买办苏商,主要是指 1800—1910 年之间帮助欧美国家与中国进行双边贸易的那类苏商。

　　买办指外国资本家在旧中国设立的商行、公司、银行等所雇用的中国经理。在近代中国亦称"康白度",买办一词来源于葡萄牙语 comprador,原指欧洲人在印度雇用的当地管家。后指殖民地半殖民地国家中,替外国资本家在本国市场上服务的中间人和经理人。"买办"一词,明代专指对宫廷供应用品的商人;清初专指为居住广东商馆的外商服务的中国公行的采买人

苏商与苏商文化

或管事人。这类被外商雇用之商人通常外语能力强,一方面可作为欧美商人与中国商人的翻译,另一方面可处理欧美国家商界与中国政府之间的双向沟通。除此,这类型商人还可自营商铺,因此致富者颇众。从本质上讲,买办是经纪人的雏形,是近代中国经纪人和经纪业发展史上的一个特殊的阶层。买办具有洋行的雇员和独立商人的双重身份。作为洋行雇员身份的买办,得到外国势力的庇护,可以不受中国法律的约束;作为独立商人的买办,又可以代洋行在内地买卖货物或出面租赁房屋、购置地产等。

五口通商后,靠近上海的苏州、无锡商人纷纷东进上海,不少人在外商开的洋行做买办。他们既经营钱财的进出和保管,也参与业务经营和商品交易事宜,并常常代表洋行深入内地进行购销业务;同中国商人商定价格,订立交易合同,并凭借本身的地位,在货物的收付上取得双方的信任。他们逐渐成为外商对华贸易的代言人。一些人逐渐失去公平的立场,趋附外国侵略势力,欺压中国商人,有时还可以在列强根据不平等条约向中国勒索的赔款中分享"赔偿金"。他们中的不少人富了起来,成为中国近代史上的大买办。为了消除中国人的仇外情绪,这些买办在民国时期被外商改称为"华经理",但买办的工作性质并没有改变,除自身经营商业以外,仍是外商的高级雇员。

买办苏商主要采取三种经营形式:一是从朋友合谋到合伙经营;二是按照地区形成区域商帮,如南京地区形成金陵商帮,苏州东、西山形成洞庭商帮,两淮地区形成扬州商帮,还有主要从事金融和纺织业的无锡商帮等。三是以行业为纽带,通过联号制和股份制形成业缘性群体组织。在上海经营钱庄等商业机构的苏州洞庭商帮主要是东山的严氏、万氏、王氏、叶氏、席氏等大族。其中的佼佼者,是最有成就的席氏家族。席元乐家族善于经商,勇于开拓和冒险,又以他们所挟的巨资和实业为保证,很快得到外国商人的青睐,使大批进入上海租界的席姓子弟充当洋人开展贸易和交际的中介,席氏家族祖孙三代在外资银行任买办,完全无视所谓的玻璃天花板,全盛时期当时 68 家外资银行中的 20 多家由他们家族祖孙三代控制。席氏家族还通过庞大的联姻网络,稳固席氏家族长达半个多世纪买办的地位。论资力,汇丰银行在当时来说是最为雄厚的外商银行,在上海存在了近百年的时间,席正甫祖孙三代就任该行买办长达 55 年,席正甫担任买办达 30 年。席氏家族成为20世纪旧上海金融界最强大的一股势力,在上海金融界的影响力相当巨大。

从清末到民国时期,席氏家族三代23人在6家英国银行、2家美国银行、2家日本银行和各1家法国、俄国、意大利银行服务,并前后出了11个买办,同时,席氏家族又将积累起来的巨资用于开设钱庄、银行和丝绸、面粉及文化教育等行业,形成著名的买办世家。买办阶层推动了中国的洋务运动,催生了中国的民族资本主义。

阐述买办苏商

××学院2020级金融专业学生金××和文秘专业学生陈××于寒假期间自己联系到苏州××银行实习。苏州××银行的大堂经理对金、陈两位同学印象不错,大一时就自己联系实习,尤其陈××同学还是跨专业学习,认为他们都有紧迫感并且认为他们工作认真,有责任心。大堂经理有心为公司推荐人才,便进一步考察,问:"我们苏州古代有个洞庭商帮,知道席氏家族吗?据说是大买办,请谈谈什么是买办苏商。"

金××同学说:"知道,席氏祖孙三代任买办,全盛时期当时68家外资银行中的20多家由他们家族祖孙三代控制。不过买办苏商的确切概念,我说不清,大概是替洋人做事的。"陈××同学虽是静听,但很庆幸实习长知识了。

案例评价:

金××同学对经理谈到关于席氏家族的问题,回答时没有拖泥带水,干净利落,言简意赅。对于大学一年级的新生,无可挑剔。论资力,汇丰银行在当时来说是最为雄厚的外商银行,在上海存在了近百年的时间,席正甫祖孙三代就任该行买办长达55年,席正甫担任买办达30年。席氏家族成为20世纪旧上海金融界最强大的一股势力,在上海金融界的影响力相当巨大。

金××同学对买办苏商的回答,管中窥豹,含糊其词,很不全面,缺乏理论性。买办苏商,主要是指1800—1910年之间帮助欧美国家与中国进行双

苏商与苏商文化

边贸易的那类苏商。陈××同学不是经济类的学生,选择静听很明智。

(四)草根苏商

所谓草根苏商,指创业时没有依赖官方而是从社会基层的民间发展起来的那类苏商。

"草根"一说产生于 19 世纪美国寻金热期间,盛传有些山脉土壤表层、草根生长的地方就蕴藏黄金。"草根"一词,直译的英文为 grass roots。它有两层含义:一是指同政府或决策者相对应的民间势力;二是指同主流、精英文化或精英阶层相对应的弱势阶层。我们通常所说的一些非政府的民间团体、非官方的基层人群可以看作草根阶层。通俗易懂的说法,"草根"就是与官方等强势者没有密切联系的平民百姓。

草根的特点:一是具有"野火烧不尽,春风吹又生"的绵绵不绝的顽强性;二是具有"一川烟草,满城风絮,梅子黄时雨"那样遍布的广泛性;三是具有"咬定青山不放松,立根原在破岩中"那样面对困难时独立的坚忍性。

草根苏商大多出身于乡村市井的弱势阶层,在经商之初、创业之始资金比较短缺,没有显赫的背景,没有依赖的关系,没有丰富的资源。"光脚的不怕穿鞋的",还怕失去什么呢?"舍得一身剐,敢把皇帝拉下马。"因为无所顾忌,所以敢于冒险,敢于拼搏。他们积极寻找捕捉创业和发展的机遇。草根苏商较少受儒家思想的束缚,也容易接受和学习西方先进的管理方法和经验。草根苏商创办的手工业作坊"千磨万击还坚劲,任尔东西南北风",于艰难困苦中遍地开花。在旧中国棉纺织、面粉、火柴等近代民族工业发展的天空中留下一道美丽的彩虹。在江苏传统农业社会由小农经济向规模经济过渡的进程中,草根苏商是一支重要的力量,弥补了官办苏商的不足,为江苏经济发展做出了努力和贡献。

草根苏商中,成效卓著的有创办常州大成纺织印染公司的刘国钧,创办保兴面粉厂的朱仲甫、荣宗敬、荣德生,创办火柴厂的刘鸿生,创办大纶丝厂的张劲史,经营五金业务后创办源昌机器碾米厂的祝大椿……据不完全统计,1895—1911 年,草根苏商在江苏各地兴办的企业达 1 200 多家,仅资本金在 5 000 万两白银以上的工商企业就有 115 家,资本总额为 4 252 万元,约占全国新办民族企业的 50%。1895—1913 年,全国共有华商缫丝厂 97 家,资本总额为 1 158.4 万元,其中江苏就有 37 家,资本金为 953.7 万元,占总额的 82%。

三、苏商文化

一方水土养一方人,苏商精神形成的主要来源是江苏文化,其中又以吴文化为核心。

(一) 工商文化特色鲜明

著名历史学家钱穆表示,"各地文化精神之不同,穷其根源,最先还是由于自然环境之区别,而影响其生活方式。再由生活方式影响到文化精神。"

江苏位于长江下游,属东部沿海地区,拥有湖泊数百,境内有长江、大运河,太湖和洪泽湖均位列中国五大淡水湖。江苏内陆水域面积为 1.7 万平方千米,占全省近 17%,是全国内陆水域占比最大的省份。江苏境内主要是平原,占比近 70%,这个比例也居全国之首。江苏属亚热带和温热带地区,气候温和,雨量适中,寒暑变化明显、四季分明。因为长江之故,江苏形成了苏南、苏北、苏中三个区域。

历史上看,江苏文化发展经历了多个阶段。较早之前江苏有以良渚文化为代表的玉器文化。太伯奔吴,建立吴国,其文明以中原华夏文化为主题,融汇百越文化。秦末汉初,江苏得到一定发展,最核心的是以徐州为中心的江北淮夷楚汉文化。魏晋南北朝时期,是江苏文化的一个高峰。随着孙权定都建邺(今南京),江南的吴文化生机勃勃,哲学方面以老庄思想为主导,形成了以佛、道、玄为主要特征的江苏文人哲学。绘画方面顾恺之提出中国画"以形写神",影响深远。之后的江苏,文化上传承魏晋南北朝时期。唐朝时扬州人张若虚以《春江花月夜》"孤篇压全唐"。北宋末、南宋初,北方士人大量迁入江苏。元代江苏文人荟萃。

明清时期,江苏文化繁荣。学术方面,修撰了《永乐大典》,清代有名的乾嘉学派的考据学,开创者是吴人惠栋,金坛人段玉裁著书《说文解字注》。明清是中国小说的高峰,四大名著的作者中有三位是江苏人:《西游记》的作者吴承恩是淮安人,《水浒传》的作者施耐庵是兴化人,《红楼梦》的作者曹雪芹是南京人。明清时期,江苏商业经济发展,出现了高度发达的商业文化,并文商结合，如清朝一些扬州盐商，本身就是文化人，或者以文人为友，提供资助。当时还建造了很多园林，其中苏州园林和扬州园林与北京皇家园林、广东私家园林并称"中国三大园林"，小桥流水，这些玲珑剔透的园林也是文化雅集之所。清末明初，江苏文化由古代文化嬗变为现代文化。中国民族资本在南通、无锡、上海、徐州等地兴起，以南通的张謇、无锡的荣氏兄弟为代表，作为民族资本主义的开创者，培育了近代工商文化，成为苏商文化的鲜明特色。

（二）三大文化交融共生

江苏文化是中华文化的组成部分。从总体来看，江苏文化在地域上可分为吴文化、楚汉文化、淮扬文化三大文化，这三大文化交融共生，其中核心是吴文化。

（1）吴文化地区。以苏州为中心，方言大致为吴语，包括苏州、无锡、常州、南通的启东及海门、泰州的靖江、镇江的丹阳、南京的溧水及高淳。以太湖为核心的区域，自春秋晚期以来为吴文化的中心地区。吴国自西周末泰伯奔吴开始，国弱但不甘，不断向东开拓疆土，到春秋中期，吴国成为东南沿海的强国。为扩张、称霸，吴国频繁迁都最后定都苏州：吴文化的开拓进取精神可见一斑。吴地处长江下游，面临大海，气候温和，土地肥沃，雨水充沛，湖水资源丰富。吴地人勤劳，打造了"鱼米之乡"，造就了集稻作文化、渔文化、舟楫文化、桥文化、蚕丝文化等一体的高度发达的农耕文化。吴人在生存发展中还表现出向域外传播文明，开放而不保守、封闭的文化心态。东晋末到南北朝的近 200 年间，文人大量南下，形成了文教日盛、文人云集的景象。唐宋时期，北方战乱依然多，大量中原人南迁到吴，吴地经济、文化得到很大提升，促进了吴文化与中原文化深层次的融合，吴地成为全国经济最发达之地、全国文化中心。元代，江苏市镇、商品经济得到长足发展，最终促使全国文化中心从杭州移到江苏。明清时代，江苏农业、手工业、商业快速发展，由此经济、文化在全国领先。吴地秀才、名士之盛居全国龙头，清代吴地共出了 26 名状元，占全国的近四分之一。近代，在与西方文化的冲撞、融合中，吴文化吸收先进的科技、管理成果，率先发展民族工业，给吴文化增添新的内涵。总体来看，吴文化善于吸纳、融合，农商并重，开放兼容。

（2）楚汉文化地区。以徐州为中心的北方方言区，主要包括徐州、宿迁市区、连云港的东海及赣榆。秦末汉初，楚汉地区得到很大的开发，楚汉文化因与帝王的联系而成就举世瞩目、影响深远。沛县人刘向父子研究《易》《春秋》，重视学术。之后，三国时期江南发展迅速，楚汉文化的主导地位不再。随后，由于战乱、自然灾害等原因，楚汉文化地区衰落。楚汉文化受到齐鲁文化、荆楚文化的影响，其特质是尊重礼义，重视读书育人，追求义利合一。

（3）淮扬文化地区。以江淮官话为方言，包括长江、淮河之间的地区，淮安、扬州及镇江、泰州、南通、南京的部分地区。隋朝大运河开通后，江淮地区在全国的地位重要起来，扬州、淮安等作为重要转运口岸兴起，淮扬文化随之初步形成。扬州的气候、美食、居所、人文气息，吸引了大量文人名士，淮扬文化成为当时城市文化的翘楚之一。骑鹤下扬州、烟花三月下扬州，扬州的魅力可见一斑。元朝重修大运河，奠定了江北运河沿线在全国的运输枢纽地位，经济地位随之加强。随后，淮扬经济发展不理想，文化方面成就相对较大。乾嘉学派影响很大，小说创作、园林文化方面成就显著。清代，扬州盐商富甲天下，推动了商业文化的发展。近代，漕运改为海运，扬州、淮安等地由是风光不再。总体来看，淮扬文化崇教尚文、宽容和谐、守法诚信、自强争先、交汇兼容。

正是这些历史悠久、丰富的文化在相当程度上决定了苏商的精神。这其中吴文化的影响相对关键。吴文化善于吸纳、融合，开放兼容，这正是苏商以创新为魂、开放为先的重要精神来源。淮扬文化的守法诚信也与苏商实业为基、诚信务实相通。楚汉文化重视读书育人、义利合一，这从苏商重视做慈善特别是捐建学校中可见一斑。

大哉苏商，因实业救国抱负而诞生、崛起，于艰难的曲折中接受洗礼，在改革开放中靠乡镇企业异军突起而复苏，制度创新为民营经济后，企业发展突飞猛进，通过发展外向型经济大放异彩，同时江苏籍企业家也开花遍地硕果累累，近年来立足"三创三先"精神引领发展，为苏商的进一步提升提供了强有力的支撑。公司兴则中国兴。百年苏商，见证并深刻推动了中国从救亡图存到自立自强再到大国崛起的艰难历程，也为人类社会的进步贡献了一份不小的力量。

大哉苏商,因有大魂而历百年,生生不息,在中国的各大商帮中旗帜鲜明、影响深远,必定会因这历久弥新之魂而致远,不断地赢得新的百年。整个人类的千百万年传承,不也是靠着历久弥新之魂吗?大哉苏商!

商人买忠告

很久以前,某城有一个人,他以卖忠告为职业。有一天,一个商人知道后,就专程到他那里去买忠告。那个人问商人,要什么价格的忠告,因为忠告是按价格的不同而定的。商人说:"就买一个一元钱的忠告吧。"那个人收起钱,说道:"朋友,如果有人宴请你,你又不知道有几道菜,那么,第一道菜一上,你就吃个饱。"商人觉得这个忠告不怎么样,于是又付了两倍的钱,说要一个值两元钱的忠告。那人就说了这么一个忠告:"当你生气的时候,事情没有考虑成熟,就不要蛮干;不了解事实的真相,千万不要动怒。"像上次一样,商人觉得这个忠告也不值那么多钱。于是又要一个值一百元的忠告。那人对他说:"如果你要想坐下,一定得找一个谁也撵不走你的地方。"商人还是觉得这个忠告不理想,又要一个价值一百一十元的忠告。那个人就对他说:"当人家没有征求你的意见时,你千万不要发表议论。"商人感到,这样下去会弄得身无分文,于是决定不买任何忠告了。他把已买来的这些忠告一一铭刻在心头,就走了。

有一次,商人让怀孕的妻子留在家中,自己到外地经商去了。一连二十年都没有回家乡。妻子一直没有得到丈夫的消息,以为他亡命他乡了,感到万分悲痛。她在儿子身上倾注了自己全部的爱。

终于有一天,已经发了财的商人,拍卖了他的全部商品,回家来了,他没有对任何人吭一声,就直接来到自己的家并闪身躲进一个难以被人察觉的地方,窥视着屋里的动静。黄昏时候,儿子来了,妈妈亲切地问道:"亲爱的,告诉我,你从哪儿来?"商人听到自己的妻子这么亲昵地对那个年轻人说话,不由得心里产生了一种恶念,恨不得当场杀了他俩。但是,他突然想起那个用两元钱买的忠告,没有动火。天黑了,屋里两人在桌旁坐下用餐。商人看到这一情景，又想杀他们。但那个忠告又在耳边响起，使他克制了自己。夜深了，母子俩准备入寝。商人恶念又起，幸亏那个人的忠告，使他没有下手。熄灯之前，母亲哭泣着对儿子说："唉！儿呀。听说，有一条船刚刚从你爸爸的地方来。明儿一早，你就去打听一下，或许还能打听到他的消息。"听到这里，商人不由得想起，他离家的时候，妻子已怀孕了，原来那个年轻人就是他的儿子。他高兴得不知怎样才好，更觉得买的忠告实在有用，因为有它，才没有动火。仅两元钱的忠告，就这样可贵！

中国绝无仅有的买办世家——席氏家族

席正甫，1838 年出生于苏州洞庭东山的一个大户人家。其父席品方去世后，家境衰落。1857 年太平军战事发生后，席正甫从苏州来到上海，在同乡所设小钱庄当学徒。

1860 年，他自开了一家钱庄，1866 年当上了英商汇丰银行的跑街。1874 年，席正甫代表汇丰银行买办王槐山与清政府商谈福建台湾海防借款事宜，最后，汇丰银行以比当时高得多的利息，借给清政府 200 万两 10 年期借款。这笔贷款的成功，开创了汇丰银行政治贷款的先例，将该行从财务窘境中解脱了出来，也使席正甫从此得势，既当上了汇丰银行买办，又受到清朝大臣李鸿章和左宗棠等人的赏识。为了获得巨额贷款，他们争相拉拢席正甫，李鸿章还特意上书朝廷，替他保荐官职，席正甫接受了二品衔红顶花翎，又捐了道台一职。但他做官仅仅是为了抬高身价，并未赴京就任实职，他借与清廷的关系和汇丰银行买办的身份，左右逢源，得到了极大的好处。从 1874—1890 年，清政府向汇丰银行借款 17 笔，绝大多数是由席正甫一手经办，他由此得到了大量佣金，而汇丰银行通过席正甫的上下沟通，业务也蒸蒸日上，为此对他优渥有加。

19 世纪 80 年代，汇丰银行某大班在买办担保一事上与席正甫发生冲突，席正甫一气之下辞职，汇丰银行总行坚决不允，不仅专门来信挽留，还撤换了该名大班，使席正甫稳坐买办交椅长达 30 年之久。席正甫在长达数十年的买办生涯中聚集了大量财产，除投资经营金融业外，还在浦东、南京路、凤阳路一带购置了众多的房产。当时上海钱庄为了获得流动资金，常常向外商银行借款，再用这部分钱放高利贷，贷给大大小小的商号以获取利润。

由于席正甫掌管了汇丰银行借款的签字盖章权,成为当时银钱业炙手可热的大红人,几乎所有的钱庄都要求他加入股本,或聘用他介绍的人当助手。同时,席正甫广泛投资和银行业务有联系的钱业、银楼、典当、金号。

1887年,席正甫与严兰卿合资开设了协升钱庄,他还利用自己的社会关系,介绍亲友、熟人进入众多的外商银行,他的一些亲属还担任了洋行买办,致使席氏家族在19世纪末到20世纪初的上海滩成为风云一时的买办世家。当时外商在上海开设的大小银行34家,其中17家由席氏家族担任买办,占据了上海金融界的重要位置,这在近代中国独一无二。由此,洞庭东山人在上海金融业形成了一股强大的势力,各地商人资金短缺,非请洞庭山帮忙不可,因此19世纪末流传着这样一首口谚:"徽帮人(主要经商)再狠,见了山上帮,还得忍一忍。"1904年,席正甫寿终正寝,祭奠之日,从外滩到凤阳路席家,沿途各个路口都搭了白布帐篷,中外商家及一些外国银行的门口,都设置了坛台路祭,公共租界巡捕还武装护送上祭队伍从南京路上通过,死后在上海滩能够享受这种待遇的买办,也仅席正甫一人而已。

席正甫家族来自苏州洞庭东山,他们创造了近代上海商界的家族传奇。汇丰银行是近代上海资力最为雄厚的外商银行,在上海存在了近百年的时间,席正甫祖孙三代就任该行买办长达55年,席正甫担任买办达30年,他去世后由长子席立功继任,席立功又传给儿子席鹿笙,直至席鹿笙被绑匪枪杀后才由别姓继任。而这个家族最为人瞩目的还不只是在汇丰银行举足轻重的地位,还有他们所构建的庞大买办网络。洞庭席氏家族除长期担任汇丰银行买办外,还有其他成员出任买办职务,在上海担任外商银行和洋行买办的,祖孙三代(包括女婿)共23人。担任6家英国银行、2家美国银行、2家日本银行和各1家法国、俄国、意大利银行的买办。除了父子相继的关系之外,由通婚所构成的庞大商业网络及其对买办职业的影响,在洞庭席氏买办家族中表现最为明显。席家第一代买办席正甫的父亲席元乐(又名席品方)娶沈二园的妹妹为继室,并将沈氏所生的小儿子席素恒过继给沈二园,改名沈吉成,沈氏父子从新沙逊洋行成立后即长期任该行买办。席正甫的第二个儿子席裕昆娶王汉槎的女儿即王宪臣的姐姐为妻,王宪臣是沈吉成的女婿,因为王汉槎与沈吉成在上海合资开设天成绸缎局。王宪臣因此得以任新沙逊洋行的收账员,接任中华汇理银行买办,至1897年再进新沙逊洋行任副买办,1907年沈吉成又通过各种关系让王宪臣接替席锡藩任麦加利银行买办,长达30年之久。另一买办家族胡寄梅家族亦与席家有姻亲关系,席锡藩的女儿嫁给胡寄梅次子胡筠秋为妻,胡寄梅的堂兄胡笛栏与席锡藩系连襟,其姑母又嫁给沈二园为妻,胡寄梅曾在钱庄做事,后在中华汇理银行和麦加利银行任职,又任华俄道胜银行和华比银行买办,都与席家的势力有关系。胡筠秋与宋子安还是姻亲。席正甫的第三个儿子席裕光,曾任宝信银行买办和大清银行上海分行协理,娶许春荣三女为妻。许春荣是著名的钱庄主,曾任泰和洋行和德华银行买办职务,与席正甫一家交往甚深。席裕光还因继室沈文兰的关系,与陈果夫、陈立夫及叶琢堂都成了姻亲。席裕光的长子席德懋的女儿又嫁给宋子文的弟弟宋子良,席宋两家的关系更加密切。席正甫的弟弟席缙华的女婿叶明斋任横滨正金银行买办,叶明斋的儿子叶振民又娶席锡藩的女儿为妻,叶振民得以继任中法工商银行买办职务。席正甫的幼弟席素恒(沈吉成)的大女婿黄振之,在席缙华任华俄道胜银行买办时任副买办,他在上海做丝绸生意,自己是钱庄出身。

通过席家这一庞大的婚姻圈,我们可以发现"姻娅联络",旁及渗透,你中有我,我中有你,构成了更加广泛的买办集团。他们不仅编织了洋行、钱庄、银行业之间的商业网络,而且与宋子文家族、陈果夫家族等政界要人建立了密切的姻亲关系,这也是这个家族长期立足上海金融界的重要基础。

案例分析题:

透过这个商例,分析席氏家族的影响并剖析近代中国买办的利弊,同时谈谈自己对席氏家族的看法以及学习本节的收获。

苏商与苏商文化

第二章

百年苏商
行稳致远

> 春秋时期的商圣范蠡曾经提出"劝农桑，务积谷""农末兼营""务完物、无息币""平粜各物，关市不乏，治国之道也""夏则资皮、冬则资绨、旱则资舟、水则资车，以待乏也"等，至今不失经典，对现代的经济建设也有积极的现实意义。

日落日出，时光飞逝。从商祖王亥始创商业各国奔走，到货通繁都闹市僻乡天下扬名，巍峨中华，工商贸易，迅速发展，日新月异，精彩纷呈。中国现在已经成长为全球第二大经济体，江苏是中国发展的精彩缩影，不负重托，奋力争先，成为经济大省、开放大省、创新大省。为了进一步理清苏商发展的脉络，本章按照时间的先后顺序，将苏商历史划分为古代苏商历史、近代苏商历史、现代苏商历史。

百代过客，苏商史鉴，可知兴替；潮落潮起，苏商历史，根深枝茂。

一、古代苏商历史

古代苏商历史是指春秋战国到鸦片战争之前江苏工商贸易的历史。

江苏河道纵横，湖泊密布，素有"水乡"之美誉。京杭大运河流经徐州、宿迁、淮安、扬州、镇江、常州、无锡、苏州等8个地级市，苏州、无锡、扬州、常州、镇江、淮安等商业都市就是依托大运河而兴起的，唐代的扬州是仅次于长安、洛阳的最繁华的城市；江苏还拥有千里海岸线，早在秦汉时期，就有跨国航路和海上贸易，从南京、江阴、太仓出发，驶向山东半岛、辽东半岛、闽粤沿海，还直航日本、朝鲜，更远行到南洋群岛和印度次大陆。在以自然经济为主体的古代，江苏的货物周转、商人行旅主要依托水运。"自古如今要路津，风天气色属商人"。尤其是海上贸易，开阔了苏商的视野，铸就了苏商坚忍的品性。苏商就是这样依水道凭航船走四方，演绎了一部部绚丽多姿的经营传奇。

（一）春秋出范蠡

春秋战国时期，中国封建社会从领主制向地主制转化，打破了"工商食官"制，改变了官府垄断的格局，青铜、冶铁、煮盐等主要手工业陆续归私人经营，私营商业迅速发展，一些行业出现了"前店后坊"的工商合一模式。"市"的营业时间朝开夕闭，黄金开始发挥货币功能并成为上币，贵重商品买卖、大宗粮食贸易一般使用黄金，金融业高利贷盛行。中国商业完成了历史上的第一次飞跃。江苏商品经济也伴随吴国（以太湖流域为核心）的崛起，涌现第一波热潮。范蠡是春秋战国时期的经济学家、军事家、政治家，被誉为古代苏商的典范，被后人尊称为"商圣"。世人赞之："忠以为国，智以保身，商以致富，成名天下。"后代许多商人皆供奉他的塑像，尊之为财神。他曾献计扶助越王勾践复国，兴越灭吴，官至上将军，功成名就之后，急流勇退，化名隐姓，开始了后半生的实业生涯，其间三次经商成巨富，又三散家财，成为远近闻名的"陶朱公"。这一举动，司马迁称为："此所谓富好行其德者也"。至今江苏无锡的太湖还保留着他曾在那泛舟养鱼并著《养鱼经》的"范蠡湖"。开苏商先河的范蠡的商德影响了无数代苏商。

情境案例

分析范蠡商德

××学院2018级中文专业学生陈××到无锡××有限公司实习，无锡××有限公司的经理带他到公司的产品展览厅前，向他介绍了公司的简

况。不久，经理还带他游览了无锡的范蠡湖，陈××同学面临葫芦瓢似的湖面，沉迷范蠡湖的旷逸，两千多年前的吴越之战，卧薪尝胆、励精图治等在脑中一一闪过，正当此时，经理发人深思地问："对范蠡三次经商成巨富，又三散家财的事，你怎么看？"

陈××同学心想，经理带他参观范蠡湖，寓意深刻，一定是对自己进行商德教育，于是，他说："范蠡助越灭吴，功成隐退，三次经商成巨富，又三散家财，这一举动，司马迁称为：'此所谓富好行其德者也'。范蠡的这种商德影响了无数代苏商。"

案例评价：

陈××同学对经理含蓄地谈论范蠡的商德问题，即兴作答，就事论事，简明扼要，不能说回答的不正确。不过，经理的用意颇深，这样见子打子的回答，还是不够深刻的。陈××同学应该对"德"适当展开阐述，表明自己的观点。

古代历史学家司马光认为："才德全尽谓之圣人，才德兼亡谓之愚人，德胜才谓之君子，才胜德谓之小人。"意大利诗人但丁也说过："一个知识不全的人可以用道德去弥补，而一个道德不全的人却难以用知识去弥补。"我相信我们的国家和民族、我们的企事业最需要的是具有道德高尚的知识者，无论从事什么工作，领导用人都必须考虑德才兼备，以德为先。

（二）扬州集商贾

无论是李白"烟花三月下扬州"的浪漫飘逸，还是王建"高楼红袖客纷纷"的热闹壮观，都给扬州披上了迷人的色彩。扬州在唐宋时代可以称得上是世界规模最大的商业都市。公元587年，隋文帝开凿广通渠、山阳渎，每年有数百万石的粮食和其他物质，从江南源源不断地流入洛阳、长安；隋炀帝继位后，又开凿大运河，全长2 700千米，尤其是江南运河，是当时通航条件最好的河道。运河的开凿，弥补了中国天然河道基本为东西走向的不足，沟通江淮河泗，从而带动了水路航运的商贸运销。盛唐时关中粮食充足，更使江淮间和江南运河沿线的商业经营日益兴盛。特别是扬州，一度作为漕运转运使的治所，大批的漕粮、货物连同各类商业、服务业经营商云集扬州，造就了扬州数百年的繁华。安史之乱后，唐政府为了摆脱财政危机，致力漕运和盐政。扬州在唐代是淮南道的首府,唐代后期的重臣盐铁转运使的治所就在扬州。著名理财家第五琦到扬州就任盐铁使后,采取了一系列措施,大大提高了盐业专业生产水平。之后,刘晏继任盐铁使,又将第五琦创制的民制、官收、官运、官销的榷盐法,改为民制、官收、商运、商销,允许盐商自由运销,于是大批商贾云集扬州,国家的收入由之前年获利不足 60 万缗,增至 600 多万缗[①]。在漕运和盐业的带动下,扬州及周边的镇江、泰州、淮阴的商业迅速崛起,特别是扬州成为江淮间最重要的政治、经济中心。扬州商业的繁盛,自唐代历经五代、两宋,一直延续到元代。"夜桥灯火连星汉,水郭帆樯近斗牛"描绘的就是当年扬州的繁华和街市的壮美。

(三)元明现首富

历经秦汉唐宋至元明清时期,古代苏商发展到了黄金期。元朝初年,政府采取多种措施发展农工商,交通运输和海外贸易发达,出现人口贩运的"人市"。明朝大一统使经济迅速发展,仇英绘制的《南都繁会图卷》真实地记录了明朝南京的商业繁华,图中牛、猪、羊行,棉布、铜锡、药材店等商业店铺有 100 多个。邮递业流行,商品种类增多,需求量加大,新的工商业城市不断出现,白银成为主要货币。河运海运进一步发展,商品经济出现资本主义萌芽。富有传奇色彩的沈万三从湖州随其父迁徙到江苏苏州长洲东蔡村,即现在的昆山周庄东垞。他以躬耕起家,帮助商人陆道源理财,取得巨资,常奔走于徽州、太平、池州、常州、镇江、南京等地的富豪间,在四乡八路的城镇开设有许许多多的店铺,家有田产上万顷。他全力开展贸易活动,贩运各种货物,靠海运发了大财,迅速成为江南第一富豪,也是全国首富。他流寓南京、苏州、吴江等地。古镇周庄因沈万三而出名,南京也受惠于他,南京城的一半是沈万三修筑的。沈万三富可敌国,连朱元璋都眼红,逼他捐资与明朝共建南京城,即现今南京城墙的中华门到水西门一段。

(四)洞庭有商帮

洞庭商帮是指明代中后期,在明清商海中崛起的以洞庭东、西山的山名为名称的一个实力雄厚、业绩非凡的商帮,也称"洞庭帮""洞庭山帮""钻天

---

① 汤可可,王粤海. 话说苏商[M]. 北京:中华工商联合出版社,2011:24.

洞庭""山上帮"或"洞庭山人"。洞庭商帮能长久传承与其形成商人家族密不可分,其中最有代表性的是席氏家族。洞庭商帮贸易以太湖流域为中心,再北上西进,"博锱铢于四方",经营棉布米豆、竹木器物、典当借贷、刻书印书等,范围广泛,但始终游走于低端市场,从事着朝廷无暇顾及琐碎的棉花收购、分发,布匹的贩运、分销等。说穿了,洞庭山人所从事的是劳动密集、高风险、低收益的产业。在这一领域中,能做到"辽左江北……非翁少山布勿衣勿被""往来车毂,无非席商人左右源者""累资巨万""海内有翁百万之称"已经相当不容易了。他们的发家,基于朱元璋所提倡的"男耕女织"家家有饭吃、人人有衣穿的平铺型社会。纵观明、清两朝,统治者不希望也绝不允许民间资本做大做强。因此,在中国不可能出现"洛克菲勒集团"。不论是官商,还是民间商人,暴富以后对朝廷、官府统治造成威胁的,如斗富的石崇、富可敌国的沈万三,一个被砍杀于东市,一个被满门抄斩,全都没有好下场。洞庭山人在经营过程中,对朝廷及官府抑商的政策有着深切的体会。他们在统治者"抑商"和贫民"仇富"心理的双重压力下,往往小富即安。对产业技术进步的投入,对扩大再生产资本的投入,缺乏最起码的热情和积极性。所以洞庭山人不可能把企业做得很大。一遇兵燹、政局变动等就会立即收手,甚至在正常年景下他们在达到一定的富裕程度之后会把大量的资金从生产领域中撤出而用于日常消费、购置土地或建造豪华住宅。这也正是洞庭东西山会有那么多高规格明清建筑的原因。

(五)郑和下西洋

郑和七下西洋是明代永乐、宣德年间一系列海上远航活动,因使团正使由郑和担任,船队行至西洋,故名。郑和率领船队以南京为基地,经江苏太仓,远航西太平洋和印度洋,拜访了30多个国家和地区,最远到达东非、红海。郑和下西洋是中国古代规模最大、船只和海员最多、时间最久的海上航行,也是15世纪末欧洲的地理大发现的航行以前世界历史上规模最大的一系列海上探险。他完成外交使命,开拓各种贸易,输入新的工艺产品、原料、技术,从而影响了中国国内的手工业生产。例如,性坚质细的海外硬木因郑和下西洋而进入中国,使中国匠师们对于硬木操作逐渐积累了丰富的经验;明朝陶瓷工匠使用由郑和下西洋而进口的苏麻离青为呈色剂,形成了永宣青花颜色浓重、晕散的风格；又吸收伊斯兰文化、波斯文化的因素，产生了新器型和新纹样。郑和下西洋加强了中外文明的交流，留下了介绍沿岸国家、地区情况的地理著作以及航海图，促进了明朝对外界的了解；留下了世界上现存最早的航海图集，是远洋航行的宝贵资料。郑和下西洋航程之长，影响之巨，船只吨位之大，航海人员之众，组织配备之严密，航海技术之先进，在当时的世界上都是罕有其匹的。他们的航海成就丝毫不比西方人逊色，甚至在航海时间、船队规模以及航海技术诸方面，均是哥伦布等人的航海活动所望尘莫及的。

（六）秦淮响桨声

秦淮河伴随文人骚客的浅唱低吟，见证一座城市的荣枯盛衰。秦统一后，在此设秣陵县，汉武帝时增设句容、湖熟两县。公元211年，孙权将东吴都城自镇江迁至秣陵，改名建业。后经东晋和南朝的宋、齐、梁、陈，直到被隋所灭，前后达360年。故南京称"六朝古都"。孙权为了把富饶的三吴地区的物产运往建业，开运渎，凿破岗渎，设牛埭，立邸阁，征牛埭税。牛埭逐渐演变为商业活动的集中点。最繁盛的方山埭，每晚有几十条商船停泊于岸边。六朝时期，连接破岗渎和运渎的秦淮河，漕运和商业活动都很活跃，一方面，川、湘、鄂、赣地区的货物经过长江源源而下；另一方面太湖流域和钱塘江流域的农副产品以及来自岭南、南洋的珍奇货物也不断输入。秦淮河沿岸有大市、小市十多处，为了方便商旅过往交易，从通济门到清凉山设置24座浮桥，其中著名的朱雀航宽6丈，长90步。① 整个六朝期间，这里一直是商人们接洽贸易、宴饮娱乐之地。南朝时期，建康商业繁盛，是世界上少有的大城市；东晋时期，大批长安的手工业工人迁到建康，立锦署，织锦、绸绢成了建康的重要出品；齐梁时期，建康城中集中了8处冶炼工场，采用新法，产出质量高而成本低廉的"百炼钢"。达官贵胄，操控作坊，发放高利贷，聚敛资财，待价而沽，商贾往来，街市繁华，漕运繁忙，秦淮桨声不断。明代画家仇英绘制的《南都繁会图卷》，真实地记载了明朝时期南京的繁华景象，图中牛行、猪行、羊行、棉布店、粮店、鞋帽店、铜锡店、药材店等商业店铺有100多个。作坊里生产的是南京卫绒、织机上织的是绸缎、云锦，店招上

---

① 汤可可，王粤海. 话说苏商[M]. 北京：中华工商联合出版社，2011：20.

写明"西北两口皮货发客"等字样。说明南京作为都市的同时,还是全国物品集散的重要地区之一。左思文辞绮丽的《三都赋》也真实地描摹了蜀都和吴都的繁华境况。

(七)苏州呈繁华

苏州隋前称"姑苏",是吴文化的发祥地,历史悠久,始建于公元前514年,吴王夫差的父亲阖闾命楚国伍子胥建阖闾城。春秋时期,这里是吴国的都城,至今还保留着许多有关西施、伍子胥等的古迹。隋开皇九年(589年)始称"苏州"并沿用至今。因唐诗《枫桥夜泊》的名句"姑苏城外寒山寺,夜半钟声到客船",故"姑苏"的名字家喻户晓。隋时的苏州号称"剧郡",商业繁盛为"浙右第一"。明时苏州是重要的粮仓,民间流传"苏湖熟,天下足"谚语。明代中期起苏州即以工商业发达著称于世,东半城以丝织等手工业生产发达著称,西半城以商品流通商业贸易著称,人称"凡四方难得之货,靡所不有……天下财货莫不盛于苏州"①。清前期,苏州是全国经济文化最为发达的城市。康熙时期,沈寓说苏州"山海所产之珍奇,外国所通之货贝,四方往来,千万里之商贾,骈肩辐辏"②。同时期刘献廷也说苏州是负有盛名的天下"四聚"之一。③ 而清人又一致地认为"四聚"中市肆繁华以苏州为最。④康熙时期,人称"吴阊至枫桥,列市二十里"⑤。乾隆时期,苏州人自诩:"四方万里,海外异域珍奇怪伟、希世难得之宝,罔不毕集,诚宇宙间一大都会也"⑥;外地人赞叹:"苏州为东南一大都会,商贾辐辏,百货骈闐。上自帝京,远连交广,以及海外诸洋,梯航毕至"⑦。嘉庆时,有人说:"繁而不华汉川口,华而不繁广陵阜,人间都会最繁华,除是京师吴下有"⑧。猎微居士更直截了

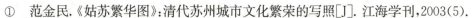

① 范金民.《姑苏繁华图》:清代苏州城市文化繁荣的写照[J]. 江海学刊,2003(5).
② 沈寓. 治苏,清经世文编[M]. 北京:中华书局,1962:卷二三.
③ 刘献廷. 广阳杂记[M]. 北京:中华书局,1985:卷四.
④ 李斗. 扬州画舫录[M]. 扬州:广陵书社,2007:卷六·城北录.
⑤ 康熙《苏州府志》卷五四《遗事下》.
⑥ 乾隆《吴县志》卷二三《物产》.
⑦ 苏州历史博物馆等.明清苏州工商业碑刻集[M].南京:江苏人民出版社,1981:331.
⑧ 《韵鹤轩杂著·戏馆赋》.

当,赞叹道:"商贾之籴贱贩贵者必于苏,百工杂技之流其售奇鬻异者必于苏"①。先后到过苏州的孟某,更说苏州的工商繁华程度是"无一日不然,无一时不然,晴亦然,雨亦然"②。清代中期,法国人耶德随团到中国考察,撰写了《万物解》一书,把苏州称为"世界最大的都市",不仅是"江南茶丝之邦"的首府,还是"最活跃的手工业中心",又是"最重要的商业中心、货物集散地"。应该说耶德书中的描绘名副其实。

单就苏州丝织业来说,的确兴盛。苏州绸缎织造由官织和民间机户两部分组成。清代前期苏州织造局有织机 800 张,机匠 2 330 人,而民间织户大体是官机的 15～20 倍。再加上湖州濮院等地的丝织品源源不断地流入,苏州不但成为苏南浙北丝织品的加工基地和集散地,而且苏州丝绸逐步走向国际市场,形成东亚、南洋和欧美三大辐射圈。如东亚辐射圈,据记载,明代时,"从中国运出的主要是生丝和丝绸,当时在澳门每担生丝售价约 80 两白银,运至果阿则可售至 200 两,利润在一倍以上,万历八年至十八年,葡商每年从中国运出生丝约 3 000 担,获利约 36 万两白银。"苏州丝绸通过东亚海域的贸易往来逐步跨出近海走向大洋。明代郑和下西洋,外国贡使更是络绎而来,海外诸商贾仰慕苏州产品,一时之间苏州"帆摘林立,九夷百番,进贡方物,道途相属,方舟大船,次第来舶"。崇祯十七年(1644 年),据载一民间商船载员二百一十二人,自苏州启航去日本经商,带去"纺丝、绫丝、绌丝等价值万余两"的贸易品。苏州民间商贩经常不顾政府禁令,载纺丝、绫丝、绌丝等货物前往日本与之贸易。日本人松浦章所著《中国商船的航海日志》一书中载:"清咸丰二年一月二十六日……丰利号商船从苏州带去的主要货物有大呢、羽毛、绸、绉、京布以及中药材。"清代咸丰年间,经营纱缎的苏州商人,还到日本、朝鲜"自行设庄营业",仅在日本每年销售纱缎"有二万匹之多"。明清之际,销往朝鲜的苏州丝绸"每年约需数万匹"③……

---

① 《韵鹤轩杂著》序.
② 范金民.《姑苏繁华图》:清代苏州城市文化繁荣的写照[J]. 江海学刊,2003(5).
③ 敬森春. 宏观视野下明清时期苏州丝绸的国际辐射圈[J]. 浙江理工大学学报(社会科学版),2017(3).

二、近代苏商历史

近代苏商历史是指自鸦片战争爆发到新中国成立,改革开放之前江苏工商贸易的历史。近代苏商来源:一是草根苏商,如无锡的荣宗敬、荣德生,常州的刘鸿生、刘国钧等人;二是官办苏商,如盛宣怀、杨宗濂等;三是绅士苏商,典型代表是张謇。鸦片战争后,一方面洋纱、洋布取代土纱、土布,中国自给自足的自然经济逐步瓦解;另一方面,列强大量收购丝、茶等农副土特产品,操纵市场,满足国际市场的需要。丝绸、茶叶等农产品大量出口,减少了它们在农业经济中自给自足的成分,客观上瓦解了中国社会的自然经济,促进了中国商业的发展。新中国成立后,工商业有了实质性的发展和突破。

(一) 采西学,制洋器

鸦片战争的炮火惊醒了中国知识界的迷梦,1861年爆发的洋务运动主张自强求富,冲击了传统的"重本抑末"观念。洋务运动期间翻译的西学书籍,开阔了人们的眼界。这时期,江苏一些有识之士为实业救国做了不少有益之事。

1. 冯桂芬、王韬、薛福成

洋务派思想家苏州吴县人冯桂芬,深谙重赋给老百姓带来的苦难,以及科举制度下士人的艰辛,对兵荒交迫、民不聊生的社会有切肤之痛。他亲历了两次鸦片战争带来的时代转变,感受历史的灾难,明确中国急需变法以图自强,凭着对中外大势的了解和与"开眼看世界"的代表人物恩师林则徐、友人魏源、姚莹等人的关系,以及对西方文明的直接感触,于1861年写下《校邠庐抗议》一书,主张学习西方先进技术,引进西方机械设备。冯桂芬作为"中学为体,西学为用"的理论先导,在书中指出:"以中国之伦常名教为原本,辅以诸国富强之术",强调"采西学""制洋器",他还认为:"今通商为时政之一,既不能不与洋人交,则必通其志,达其欲,周知其虚实情伪,而后能收称物严施之效。"他先后在南京惜阴、苏州紫阳等地讲学,并创设广方言馆,培养兼通中西的人才。冯桂芬的"采西学"继承了林则徐、魏源的经世致用思想,《校邠庐抗议》从人才、地利、军事、君臣关系、名实之分等五个方面与西方侵略者进行了比较,从更多的角度提出清廷与西方列强存在的制度与文明差距,显然是对旧社会、清王朝萎靡不振反思的深化。

苏州吴县人王韬曾在墨海书馆与艾约瑟等人合作翻译《博物新编》等书,推动了西方科技文化在中国的传播;在1853—1858年间,与人合作翻译了《重学浅说》《西学原始考》《西国天学源流》等科技和科技史著作,在介绍、吸纳西方科学技术方面做出了很大贡献。他认为"通商之利有三:工匠之娴于艺术者得以自食其力;游手好闲之徒得有所归;商富即国富,一旦有事,可以供输糇饷"。1885年,王韬受聘于格致书院,开始了长达10年的有关科学教育的生涯。他主张"书院既以格致名,则所命之题自当课以西学为主,而旁及时事洋务。"此后,他开始了一系列改革措施,在格致书院开办了一个比较正规的自然科学学习班,进行初等自然科学教育,使上海格致书院成为中国近代第一所研习自然科学的新型书院。王韬是一个充满个性的复杂人物,他不仅是中国近代资产阶级启蒙思想家、改良主义者,也是中国新闻事业的开拓者。时代风云际会,交织在他的身上,使他成为中国近代史上的风云人物。

江苏无锡人薛福成是近代散文家、外交家,致力经世实学,1889年出使英、法、比、意四国后,也认为"欧洲立国以商务为本,富国强兵全藉于商"。由此可见,实业救国思潮在甲午之战前已经萌发,尽管还显得比较零散和隐晦,但"西方之强在于工商"的观点对中国民族资产阶级及其知识分子产生了相当大的影响。

2. 华蘅芳、徐寿、龚振麟

1861年,江苏无锡人华蘅芳为曾国藩擢用,和同乡好友徐寿及其子徐建寅一同到安庆的军械所,试制蒸汽机,制造机动轮船。尽管那时没有图纸,没有实样,也没有制造机器的设备,但凭借他们的聪明才智,不断探索,终于制成第一艘以机器为动力的时速达25华里的木壳小火轮。1864年,清军攻占天京,华、徐随军到达南京金陵机器局,绘制机械图。第二年,建造了一艘长55尺、可载重25吨的铁壳轮船"黄鹄"号。这是中国历史上第一艘中国人自己制造的轮船。

1865年,李鸿章在上海创办江南机器制造总局,徐寿父子和华蘅芳等人联袂来到这里,仿造大小机床30多台,这是中国第一批自制的工作母机。

随后又利用这些机器造出第一批枪炮。江南制造局,后来发展到主营造船,这与近代科学家江苏无锡人徐寿大有关系。徐寿被称为中国近代造船的"鼻祖"。曾国藩评论徐寿"研精器数,博学多通",评价极高。1867年,曾国藩、李鸿章把徐寿派到局门,入住高昌庙。由此,江南制造局开创了造船新纪元。从1868年到1884年,徐寿主持了10多艘兵轮的设计建造,从明轮到暗轮,从木壳到铁甲,从600吨位到2 800吨位,为中国人自己建造轮船做出了巨大贡献。尤其是1868年建成的中国第一艘兵轮"恬吉"号(后改名"惠吉"号)试航时,轰动了整个上海。船长185尺,宽27.2尺,马力392匹,载重600吨。船身木质,锅炉自造,主机用外国的旧机器改装。这改变了中国兵船唯靠进口、不能自造的历史。此后,江南制造局又建造了"海安""驭远"等多艘兵船,锅炉与主机都是自造,船上可装配26尊大炮、容纳500名水兵。1876年,中国第一艘铁甲军舰"金瓯"号又在江南制造局诞生。从1905年开始,仅用6年时间就造船136艘。这些舰船的设计、监造主要由徐寿、华蘅芳主持完成,他们因此被誉为"中国科技的先驱"。

同时,徐寿在江南制造局开办翻译馆,翻译介绍国外科技。徐寿认为知识的引进传播比器物制造更重要。翻译馆先后翻译图书156部、411本,刊印98部、235本,发行32 111部、83 454本。1874年,徐寿又创建格致书院,融学校、博物馆、实验室于一体,培养了数以千计懂得西方科技的知识分子,在诸多方面开风气之先。在江苏,由此带动而起的赵元益、王同愈、王季点、汪甘卿、金德鸿、李凤苞等人,在又一轮西学东渐中扮演了重要角色。江苏最早的一批科技人才相继进入官办军工企业和商办民用工业企业,推动了中国民族工业的生长发育。

华蘅芳是中国清末数学家、科学家、翻译家和教育家,也是晚清军工专家。华蘅芳青年时与著名数学家李善兰交往,李氏向他推荐西方的代数和微积分。华蘅芳提出二十多种勾股定理证法。1885年,天津武备学堂创立,除了聘用德国军事教官之外,还聘用华蘅芳等许多中国科学家当老师。当时学堂里的一位德国教习,买到了一枚中法战争期间法军用于军事瞭望的废氢气球,自视珍奇。学堂主管人希望这位德国教习把氢气球的制造和使用方法介绍给武备学堂的学员,这位德国教习却百般推托。华蘅芳了解到这一情况后,立刻带领工匠自制了一枚直径5尺的小气球,然后用镪水制成氢气灌到球中,当场演放升空。最后,那位德国教习为了保住饭碗,只得老老实实地向学员们讲授这门技术。华蘅芳成功自制了氢气球,天津武备学堂成了中国第一枚氢气球的诞生地。华蘅芳在天津武备学堂成功试制氢气球,不仅长了中国人的志气,而且这也是鸦片战争后,中国人自己制成的第一枚氢气球,在中国科技史上占有不容忽视的地位。

曾经先后两次任职江苏的林则徐主张"师夷制夷",曾向苏州人龚振麟提供《车轮船图说》等科技书籍。龚振麟时任嘉兴县丞,经过数月钻研,先用泥范法铸制铁模,再拿铁模铸制铁炮,铁模可多次使用,具有成本低、质量好、效率高等特点。龚振麟的铁模铸炮法是世界首创。当英军侵犯镇海和吴淞时,官兵用铁炮还击,连英军"复仇女神号"的军官都说:"中国人这种首次尝试的独创才能不由得令人钦佩。"

(二)引设备,办企业

江苏境内采用机器生产是从洋务运动开始的,1880年盛宣怀创办中国第一个电报局,后共创造11项"中国第一"。1895年之前还有金陵机器局和徐州利国驿矿务局两个官办企业。但大规模引进和发展机器生产却是在1895年之后从苏商兴办工厂开始的。清末民初,苏商投资办厂形成热潮,江苏涌现了一批勇于开拓、擅长经营近代工商企业的苏商群体。第一次世界大战的爆发为江苏实业的发展提供了契机。第一次世界大战期间,欧美主要帝国主义国家先后卷入大战,减少了对华的商品输出,增加了对华商品的需求。江苏的民族资本就在这样的空隙里急速发展起来,进入了它的"黄金时代"。此外,这一时期的反帝运动也是推动民族资本发展的有利因素,特别是1915年开始的"抵制日货、提倡国货"运动,对民族资本的发展起了巨大的推动作用。苏商在引导人们接触现代工商文明的同时,维护和创造了有利于企业发展的经济秩序和社会环境。

1. 无锡异军突起

1895—1911年,无锡商人在投资经营轻工业上异军突起,资本增长极为迅速,成为近代工业发展的领军人物。1895年无锡商人杨宗濂、杨宗瀚兄弟大规模引进和发展机器生产,创办了业勤纱厂,主要机器设备有从英国进口的细纱机38台、双气缸蒸汽机1台、发电机1台,计有纱锭10 192枚。业勤纱厂是江苏第一家民办机器纱厂。1898年,祝大椿创办了中国第一个华商机器碾米厂——源昌机器碾米厂,后又投资面粉业、缫丝业、纺织业、电气业、造纸业、房产业等。到1913年,无锡著名商人祝大椿投资在民族工业方面的资金近300万元。

1902年,朱仲甫、荣宗敬、荣德生创办了保兴面粉厂,这是无锡第二家近代企业,因无力购买美国的先进设备,只好英机和法磨合用。1905年新添英国钢磨等机器,1909年大胆购置了当时最为先进的美式钢磨18部,新添400匹马力引擎,后又两次添加设备,使得面粉厂的产量和质量都大大提高了,日生产能力已达8 000包。荣氏兄弟后来还创办了茂新二厂、三厂、四厂,加上在上海的福新系统,到1921年,荣氏兄弟共拥有机器粉磨294台,日产粉7.6万包,占全国面粉厂日产总量的23.4%。

1904年,缫丝大王周舜卿开办了无锡裕昌丝厂,这是无锡最早的缫丝厂。1917年,唐骧廷等人盘下冠华布厂,改名为丽华染织布厂。1919年,唐保谦独资创设锦丰丝厂并任经理,拥有坐缫车480台,年底投资30万元创办无锡首家机制砖瓦厂——利农砖瓦厂,日产红砖3万余块。1919年,薛南溟等人的豫康纱厂建成投产,后由薛醴泉继任董事长,在无锡率先实行"二九一六"的三班制,产品质量显著提高。1920年,唐渠镇、唐藩镇在无锡创办丽新机器棉织厂。20世纪30年代,无锡的薛氏集团和薛寿萱本人成为"丝业大王"……

无锡人唐星海不惜成本创造名牌,"双鱼吉庆"牌棉纱与棉布成为无锡地区的标准纱和标准布。1937年,唐星海接任庆丰纺织公司总经理。年底,资本已增至300万元,固定资产达570万元,为当初投资的8倍,东起上海,西至溧潼,北自徐州,南到广州,都有庆丰的办事处。1943年,他投资马迪汽车公司、通惠冷气公司,与人合作开办公永纱厂,庆源、大华、利达花纱布庄和宝丰堆栈、北新隆农场、无锡永新化工厂、昆山永润油厂等企业。

无锡近代企业快速发展,到1927年,无锡棉纺业有工厂6家,纱锭15万枚,占全国的34.4%;面粉业有工厂4家,日生产能力6 900包;缫丝业有工厂37家。无锡已经成为近代工业城市,资本主义生产关系占据了统治地位。据1928年不完全统计,无锡平均每家工厂大约有370人,当时,除了一批小型的铁工厂、碾米厂、榨油厂外,多数纱厂、布厂、丝厂的规模在200~

300 人,还有一批 500 人以上的大型工厂。到 1929 年,无锡产业工人已达到 70 685 人。无锡已经发展成苏南地区以棉纱、面粉、缫丝三大部门为主的工业中心。①

2. 南通举世瞩目

20 世纪初,张謇提出用"振兴实业"代替"振兴商务",这种认识应该说比过去纯粹的重商更为科学和全面。他还提出了轻工业以棉为纲、重工业以铁为纲的"棉铁主义"经济发展思路和集股商办公司、改进工艺、提高产品质量等一系列经营管理方针。实业救国论者张謇弃官从商后总结说:"国人之无常识也,由教育之不革新,政府谋新矣而不当,欲自为之而无力,反复推究,当此兴实业始",是很有代表性的。1899 年,张謇创办大生纱厂建成投产,拥有 2.04 万纱锭,约有职工 3 200 人。从 1899 年张謇创办大生纱厂起,南通工业和社会事业渐次发展起来。1900 年,张謇成立广生轮船公司;1901 年,创建通海垦牧公司;1902 年,创建大隆皂厂;1903 年,建广生油厂;1904 年,成立懋生房产公司;1905 年,成立泽生水利公司;1906 年,资生铁厂建成,资生铁厂是当时江苏规模最大的民办重工业企业。其设备有车床 20 台、镟床 1 台、锤床 1 台、冲床 2 台、钻床 12 台、螺旋绕床 3 台、水汀榔头(空气锤)2 台、600 马力蒸汽引擎、全套卧式锅炉、小型发电机 1 台。1908 年,资生铁厂仿造日式轧花车 1 000 多部,畅销通、崇、海地区,还制造了内河小轮和机动轮船 10 多艘。1907 年,大生二厂开工;1908 年,建成大昌纸厂;1909 年,复新面粉公司成立。张謇的实业发展使得南通成为近代工业最为集中的地区之一。南通城被称为"中国近代第一城"②。张謇在南通创立的大生资本集团涉及工业、交通、金融、航运等企业,总资本达 7 000 多万元③,是 20 世纪初国内最早形成的大型资本集团。可以肯定地说,在张謇的努力和影响下形成了工厂和公司制度,进而打造了近代中国一个经济繁荣、举世瞩目的新南通。

---

① 陆和健. 清末民初苏商创办企业与区域工商文化的发展[J]. 扬州大学学报(人文社会科学版),2014(4).

② 同上引.

③ 郑颖慧. 论近代江苏工商业运营的南北差异——以南通和无锡为例[J]. 江苏商论,2012(11).

情境案例

简述张謇办实业

××工程学院2020级土木工程专业学生钱××在寒假期间自己联系到南通××公司实习。南通××公司经理对钱××同学大一就自己联系实习，印象不错，觉得他有紧迫感，比较懂事，有主见。所以也愿意多与他交谈。一天，经理问他："张謇是我们南通人，曾经在这里办实业，你知道他当时主张什么，办了哪些实业以及有何影响吗？"

钱××同学深思熟虑地说："知道一些，张謇弃政从商，主张实业救国；他创办大生纱厂、广生轮船公司、通海垦牧公司、大隆皂厂、广生油厂、懋生房产公司等十多家企业；从1899年张謇创办的大生纱厂起，南通工业和社会事业渐次发展起来。"

案例评价：

钱××同学的回答，言必有中，简明扼要。

20世纪初，张謇提出用"振兴实业"代替"振兴商务"，这种认识应该说比过去纯粹的重商更为科学和全面。他还提出了轻工业以棉为纲、重工业以铁为纲的"棉铁主义"经济发展思路和集股商办公司、改进工艺、提高产品质量等一系列经营管理方针。

1899年，张謇创办大生纱厂，于1900—1909年间创办了广生轮船公司、通海垦牧公司、大隆皂厂、广生油厂、懋生房产公司、泽生水利公司、资生铁厂、大生二厂、大昌纸厂、复新面粉公司。张謇在南通创立的大生资本集团涉及工业、交通、金融、航运等企业，总资本达7 000多万元，是20世纪初国内最早形成的大型资本集团。

张謇的实业发展使得南通成为近代工业最为集中的地区之一，由此南通城被称为"中国近代第一城"。在张謇的努力和影响下形成了工厂和公司制度，进而打造了近代中国一个经济繁荣、举世瞩目的新南通。

3. 江苏群星璀璨

1895年，张之洞向苏州等五府商民借银54.76万两，成立苏州商务局办

第二章 百年苏商 行稳致远

苏纶股份有限公司,由苏州人陆润庠为公司总董,1897年建成投产,其机器由英国某公司承办,每年可出棉纱1.4万件,约用工人2200名。这样的规模在中国晚清工业史上堪称绝无仅有。苏纶纱厂在中国近代工业史上占有重要地位。

　　1904年,苏北名流连云港人许鼎霖等决定在宿迁创办耀徐玻璃公司,1909年开始大规模生产。公司规模大,设备先进,有艺徒500余人,资本83.9万元,日产玻璃7000块,有50多个品种。其生产的玻璃经巴拿马万国博览会等审查合格,荣获优等奖章。宿迁当地直接或间接赖以维持生计者达5000多人。耀徐玻璃公司是我国首家玻璃制造企业。

　　江苏嘉定(现属上海)人吴蕴初,是我国氯碱工业的创始人,他创办了中国历史上第一家味精厂——天厨味精厂。其生产的"佛手"牌味精,畅销国内外,并获得英、美、法三国专利权;1926年获美国费城国际博览会大奖,1933年获美国芝加哥百年进步博览会奖。1933年,吴蕴初购买战斗机和教练机各1架,命名为"天厨号",捐献给"中国航空协会",用以支持抗战。吴蕴初因他的"天厨味精"名声大振,被誉为"味精大王"。

　　江苏淮安人周作民是近代著名的民营银行家。1917年,周作民创办金城银行,任总经理,以对工矿企业放款和投资较多而闻名。到1927年,金城放款的工矿企业有100多家,放款的重点是"三白一黑",即纺织、化工(制碱)、面粉、煤矿四大工业。其对永利制碱公司的资助成为我国金融史上的美谈。从20世纪30年代起,金城银行的投资逐渐增多,到1937年,投资金额为1000.3万元,共计投资95个单位,其中工矿及交通运输企业59个,商业及金融业34个。

　　4. 各地争先恐后

　　1916年,苏州盛泽镇人袁钟瑞、沈鹏、张文蔚创办经成丝织有限公司,从上海购置用电作动力的铁织机24架,用新法织造丝绸。该公司雇有女工100人、男工230人、徒工212人,每年产绸1650匹,品种繁多,有华丝葛、香云纱等,远甚于手工织造的丝绸,运销上海、广东、天津、北京及长江各埠。在经成公司的影响下,盛泽的电机织厂越来越多,吸引了周边大批农民聚集镇上打工,原来分布周边农村的手织机户也开始迁入镇上改用电织机。

　　1895年,镇江人李维元兴办永利丝厂、张勤夫兴办大纶缫丝厂;1904

年,刘寿琪、王德楷在清江(现淮安)创办大丰机器面粉公司;1906年,汪家声在南京创办金陵机器火砖厂;1908年,祝大椿在苏州创办"振兴电灯厂";1916年,蒋盘发、刘邦镇在常州创办大纶织布厂股份有限公司;1920年,刘鸿生集资12万元在苏州创办鸿升火柴公司,十分重视采用新式设备,在厂内安装发电机、磨磷机、旋转理梗机等。1925年,陈心铭在如皋创办阜昌织染有限公司;1928年,刘国钧在常州独资开办广益布厂,几年后开办广益二厂,添置铁木织机、锅炉、柴油发动机等设备。在此基础上,创办大成纺织印染股份有限公司。到1936年,大成公司有纱锭7.85万枚,布机2 743台,印染日产5 000匹,居国内华商印染厂之首。

苏商通过引进机器设备,不仅大大提高了生产力,而且在组织管理方面也出现了与先进生产力相适应的生产关系,出现了大量的工人、技师、管理者。苏商在民初创办的这几百家企业本身已经成为一种社会文化现象,它使人们对机器、工厂、工人、竞争、效率、市场、商标、法治、公平、股份公司等体现工业时代的词汇不再陌生。苏商创办企业的工业原料来自农村,苏南农村大量种植棉花以供应纱厂,栽桑养蚕以供应缫丝厂。有的苏商还专门投资农垦公司、新式农场,设立众多麦庄、办花处、茧行。江苏农村的传统经济结构慢慢解体,开始与工商业相衔接。苏商用经济力量悄然改变了区域的社会面貌,推动农村经济的转化。

(三)新中国,新格局

中华人民共和国成立后,江苏工商业有了实质性的发展和突破。江苏先对工商业进行调整,促进了江苏经济状况的迅速好转和社会的健康发展,在此基础上又对工商业进行改造。

1. 江苏工商业调整

1950年春,江苏私营工商业陷入困境:工厂停工减产,商品滞销积压,工人失业,劳资关系紧张。据了解,1950年1—6月,南京市私营工厂停业88户,私营商店开业1 000户,闭业1 444户,闭业户超过开业户444户;苏南区1950年3—5月商店倒闭4 516户[①];1950年3—5月,苏北南通、泰州、淮阴、

---

① 苏北人民行政公署工商处. 1950年工商工作初步总结[G]. 江苏省档案馆藏档,3067-永久-169.

盐城 4 区 15 个城市,工厂关闭 886 家,商店倒闭 2 271 家。南京市失业半失业工人达 5.2 万人[①];苏北失业半失业工人约有 9 万余人,占职工总数的 25.7%[②]。

毛泽东在 1950 年批示强调:"应当限制和排挤的是那些不利于国计民生的工商业,即投机商业、奢侈品和迷信品工商业,而不是正当的有利于国计民生的工商业,对这些工商业,当它们困难时应给予扶助使之发展。"[③]毛泽东的这一批示明确了工商业调整的方向。根据毛泽东的批示,江苏工商业调整具体采取以下措施:

一是扩大加工订货和产品收购。江苏通过国有企业对私营工业的加工订货和产品收购,把私营工业逐步纳入国家计划的轨道,使其有计划地组织、扩大再生产,并通过国家付给的费用取得正当的利润。例如,1950 年 5 月,南京市国有公司为了帮助私营企业克服困难,收购了 44 360 万元的货物,6 月增至 62 760 万元。在苏南,私营工业为国有公司加工的棉纱布、生丝等价值达 623 074 056 百万元,占私营工业生产的 41.59%。[④] 加工数量的上升十分明显,以纱布、大米、面粉总值计算,1950 年上半年上升为 100%,下半年上升为 302.74%,1951 年上半年上升为 420.3%,下半年上升为 543.26%,1952 年上半年上升为 735.26%。[⑤] 江苏各地国有公司通过加工订货和产品收购,解决了私营企业生产及原料缺乏的困难,工业生产逐步得到恢复与发展。

二是调整经营范围。公私商业经营范围的调整,主要是扩大私营商业经营的商品品种。国营零售商业经营商品的种类由过去的近 20 种减为 6 种(粮食等生活必需品),其他零售业务由私营商业和小商贩经营。例如,南

---

① 南京市工商处. 本市工商业的维持与改造[N]. 新华日报,1950 - 11 - 03 (1).

② 苏北人民行政公署工商处. 1950 年工商工作初步总结[G]. 江苏省档案馆藏档,3067 - 永久 - 169.

③ 中共中央文献研究室. 建国以来重要文献选编:第 1 册[G]. 北京:中央文献出版社,1992.

④ 苏南人民行政公署. 苏南区经济财政基本情况概述[G]. 江苏省档案馆藏档,3070 - 永久 - 264.

⑤ 苏北人民行政公署工商处. 三年来苏北区国营贸易工作总结(1952 年 9 月)[G]. 江苏省档案馆藏档,3067 - 永久 - 177.

京市至 1950 年年底,国有公司门市部由 134 处减至 57 处,除粮食公司还保留代销店 26 处外,其余各公司均撤销了代销店。

三是调整商业价格。调整零售与批发、产区与销区、原料与成品之间的价格比例,使私营零售商和运销商能够获得合理利润。例如,1950 年 6 月,苏北地区主要物资零售、产销之间由原来无差价调到有差价,照顾了私商的合理利润,基本贯彻了产运销兼顾的价格政策。调价的结果是私营工商业渐有起色,市场成交量稳中有升。

四是扩大私营贷款。从 1950 年 5 月起的 5 个月内,南京市人民银行向全市公私企业贷款 384 亿元,其中贷给私营工商业达 332 亿元,占 86.9%。[1]银行还配合工商业展开押汇业务,仅 1950 年 9—12 月即承做了进出口押汇299 700 万元,占全年承做总额的 99.5%。

五是减少税种、税目,降低税率。按照国家政策,江苏在税收方面也做了相应的调整,工商业税税种由原来的 14 种减为 11 种,货物税税目由原来的 1 136 个减为 358 个,印花税税目由 30 个减为 25 个。利息所得税由 10%减为 5%,还对部分工业品减税,甚至免税。

江苏工商业调整,极大地促进了工商业的恢复和繁荣。1950 年 7 月以后,市场状况发生了显著变化,工业生产迅速增长,有利于国计民生的企业得到恢复,不利于国计民生的行业、企业被削弱和淘汰。具体表现:一是开户明显增多。苏南工商业自 1950 年 5 月以后,由困难走向恢复,与 6 月份相比,12 月份新增商户 22 000 多户[2];1951 年 12 月与同年 1 月相比,"工业户增加 2.4%,手工业户增加 20.9%,商业户增加 10.9%"[3]。二是工业产量大增。各主要工业 1951 年 1—8 月的产量增加了 19.56%~145.88%。三是营业额显著提高。苏南区 1951 年上半年工商业营业额为 635 979 万元,与1950 年同时期的 457 426 万元相比,增加了 39.03%。四是购买力显著提高。据苏南 18 个县的典型调查,1951 年农民全年购买力比 1950 年增加了

① 南京市工商处. 本市工商业的维持与改造[N]. 新华日报,1950 - 11 - 03 (1).
② 苏南人民行政公署. 苏南区经济财政基本情况概述[G]. 江苏省档案馆藏档,3070 -永久- 264.
③ 中共江苏省委党委工作办公室、江苏省档案馆、南京市档案馆编写组. 江苏土地改革运动(1950—1952)[G]. 1998:198 - 199.

30%。据江阴市的典型调查,1952年农民购买力又较1951年增加20.9%①。五是劳资争议减少。1950年4—8月,南京市劳动局受理劳资纠纷984起,平均每月200起,调整劳资关系后,9月份只受理75起②;1950年,苏南全区私营企业发生劳资争议有231件,1951年7月营业淡季已减少为89件③。

总的来讲,新中国成立初期,江苏的工商业调整富有成效,通过调整,逐步将私营工商业从以投机经营为主转到服务于生产与人民生活,从盲目的无政府状态转到国家领导和国家计划的轨道,从而进一步加强了国营经济的领导地位,为从根本上改造私营工商业创造了重要条件。

2. 江苏工商业改造

从中华人民共和国成立到20世纪70年代末,中国的商业经历了将半殖民地半封建的旧中国商业改造成为社会主义商业,进而发展成高度集中的计划商业体制的过程。工商业改造主要通过三大途径:

一是没收官僚资本企业及其他各种公共企业,变官僚资本主义经济为社会主义国有经济。新中国成立前官僚资本约占全国工业资本的2/3,占全国工矿、交通运输业固定资产的80%,到1949年年底,国家先后没收了2 858个官僚资本企业。没收并改造后,可使无产阶级国家掌握主要的经济命脉,奠定了社会主义经济基础,并为对农业、手工业和资本主义工商业的社会主义改造创造条件。二是以和平赎买民族工商业的形式,经过公私合营,把资本主义民族工商业逐步转化为社会主义的国营工商业。所谓和平赎买是对资产阶级的生产资料通过和平方式采取有偿办法实行国有化,在一定年限内让资本家从企业经营所得中获得一部分利润的政策。这种赎买政策,在全行业公私合营前实行"四马分肥";在全行业实行公私合营后,对私股实行定息办法。此外,还给资本家及其代理人安排工作,并且不降低他们的原有工资。赎买政策的实行,减小了资产阶级对社会主义改造的阻力,有利于维持工商业的发展。所谓的公私合营,是指新中国对民族资本主义

---

① 中共江苏省委党委工作办公室、江苏省档案馆、南京市档案馆编写组. 江苏土地改革运动(1950—1952)[G]. 1998:198 - 199.

② 南京市工商处. 本市工商业的维持与改造[N]. 新华日报,1950 - 11 - 03(1).

③ 苏南人民行政公署. 苏南工商业情况及工商联工作材料[G]. 江苏省档案馆藏档,3070 - 长期 - 1956.

工商业实行社会主义改造所采取的国家资本主义的高级形式,大体上经过个别企业的公私合营和全行业公私合营两个阶段。三是对以小农经济为基础的民间商贸活动进行集体化改造,形成社会主义的合作商业。

江苏工商业改造主要分为三种:一是新中国成立初期对官僚资本的没收、对公共企业的接管和对公用事业的投资;二是在企业生产困难时期,由政府投资维持生产而形成公股;三是建立了一批国有企业,如花纱布公司、粮食公司、苏北贸易总公司、苏南建中贸易公司等,以壮大国营经济的力量。

江苏省在国民经济恢复时期,已经有少量企业进行了公私合营,在"一五计划"的前三年采取了单个企业合营。江苏公私合营的步骤是在调研的基础上,政府与企业签订协议书;再在清产核资后,确定董事会人选,制定合营章程。在企业领导职务方面,大多数由公方代表担任正职,私方代表担任副职。对于资方在职人员,采取"量才是用、适当照顾"的方针,安排使用;对于工程技术人员,充分发挥他们的专长,为社会主义建设而服务。1953年年底,全省的公私合营企业发展至49个,职工19 936人,企业总产值19 007万元。[①] 1954年上半年,江苏对省内作用较大、设备较好的南京市的中国水泥厂、常州市的大成纺织公司、无锡市的申新三厂、苏州市的苏伦纱厂、松江专区的茂新纱厂等在内的20家规模较大的私营企业率先逐个地实行公私合营,[②]对粮食、棉花、棉布等实行统购或统销后,经营粮、布等业的私营批发商全部由国营商业代替;对零售业则通过经销、代销等国家资本主义形式进行改造。这样,社会主义经济就处于绝对优势。到1954年年底,全省共有粮食、绸布、茶叶等500多家批发商进行了各种形式的改造;全省有6 996户私营零售商,通过代销、经销、批购等进入国家资本主义形式。1955年私营大型工业总产值中,国家资本主义初级和中级形式的比重已达89%,公私合营工业产值已占全省各种类型工业总产值的31%。[③] 到1955年年底,全省合

① 尹法声,周豪. 中国资本主义工商业的社会主义改造·江苏卷·上[M]. 北京:中共党史出版社,1992:10.

② 1955年扩展公私合营企业注意事项[B]. 南京:江苏省档案馆馆藏档案(全宗3021,目录1,卷宗0017),1.

③ 江苏省解放前资本主义工商业发展情况及八大发言稿[B]. 南京:江苏省档案馆馆藏档案(全宗3021,目录1,卷宗0059):48、49.

营工业企业已达 270 家,职工数量约占 38%,产值占到 50.53%。①

随着私营工商业社会主义改造高潮的到来,江苏重点实行全行业公私合营。合营分三步进行:一是批准公私合营,生产照旧,从业人员一律不动;二是进行清产核资;三是进行经济改组,调整商业网点,并着手人事安排。合营主要采取三种方式,一是将生产产品相同或存在相互依存协作关系的企业,以小厂并入大厂或合并组建新厂的方式进行合营,如南京电池厂、火柴厂、卷烟厂等;二是私私联营编组,确定一个同行业的合营厂,加强统一管理,挂合营招牌,暂时自负盈亏;三是单独合营,主要针对产品独特或有技术专长的企业;另外,对过剩的行业和企业进行迁并、淘汰。到 1956 年年底,全省累计参加公私合营的工业企业有 7 272 户,商业企业有 18 221 户,饮食服务业为 2 376 户,交通运输业为 2 376 户。全省参加公私合营的在职工商业者 62 804 人,约占全国私方人员的 8%;公私合营企业的私股股金共达 29 283 万元,约占全国公私合营企业中私股股金的 12%。② 江苏对资本主义工商业改造是当时全国的一个缩影。通过改造,改变了江苏的经济结构和企业性质,建立了社会主义的经济基础,基本形成高度集中的计划商业体制。

三、现代苏商历史

现代苏商历史指改革开放后江苏工商贸易发展的历史。因利用外资是江苏开放型经济的重要特色,故这里主要阐述现代苏商利用外资的商贸史。沧海桑田,物换星移,作为新时代排头兵、创新发展先行者的江苏,在改革开放的道路上奋力前行了四十多年。四十多年来,江苏经济改革发展的一大成就就是基本形成全方位、宽领域、多层次的开放型经济体系。江苏对外开放从南通、连云港的沿海开放城市到苏锡常的对外开放区再到苏中苏北腹地开放,区域不断扩大;从工业制造到商贸金融再到基础设施,开放领域不断拓宽;从昆山自费开发区到南京浦口高新技术开发区再到中新苏州工业园区,多类型、多层次的经济技术开发园区在江苏渐成体系;从"引进来"到

---

① 王毅. 论建国初期江苏资本主义工商业社会主义改造的特点和历史局限性[J]. 中共南京市委党校学报,2018(3).

② 同上引.

"走出去",从劳务承包到海外投资。江苏经济总量持续扩大,结构层次不断提升。江苏经济发展经历了"农转工""内转外""创新驱动"几个阶段,目前已经由高速增长转向高质量发展,进入建设"强富美高"新江苏的重要阶段。

(一)"农转工"厚积薄发

1978—1990年,这是江苏"农转工"厚积薄发之期。改革开放的初期,江苏抓住了国内市场消费品严重紧缺的机遇,利用邻近上海的地域优势,在社队企业的基础上大力发展乡镇企业。

1978年年底,江苏社队工业总产值仅63亿元,从业人员仅249万人,[①]1980年,总产值突破百亿元大关,达109.33亿元,比上年增长45.21%。[②]1983年年初,无锡堰桥乡尝试计划经济与市场调节相结合,改革原社队企业的经营体制,形成"一包三改"模式。当年,堰桥乡总产值比上年增长了74%,苏州地区的工农业总产值已人均接近800美元。[③]此经验得到了推广,形成了"苏南模式",这是江苏"农转工"阶段的成功探索。1984年,得到党中央、国务院的肯定,将社队企业改称乡镇企业,赋予乡镇企业更大的自主权,发展速度明显加快。1984年,江苏乡镇工业总产值超过200亿元,比1983年增加了三成。[④] 1984年10月,十二届三中全会以后,乡镇企业有了明确的市场取向,进入全面发展的新阶段。江苏根据乡镇企业发展南高北低的态势,坚持分类指导的原则,要求苏南向多层次、高精尖、名优特的方向努力;苏北坚持多种所有制、多样化产业、多渠道服务,从小项目起,滚雪球似的逐步发展壮大。锐意改革创新的江苏乡镇企业,呈现出十分可喜的发展态势。1984—1988年,全省乡镇工业产值年增长率分别为44.76%、

---

① 宋林飞,张步甲.江苏改革与发展20年(1978—1998)[M].南京:南京大学出版社,1998:63.

② 江苏省地方志编纂委员会.江苏省志·乡镇工业志[M].北京:方志出版社,2000:10.

③ 胡明.改革开放以来我国乡镇企业的发展历程及启示——以1978—1992年江苏乡镇企业发展为例[J].党的文献,2008(4).

④ 吴雪晴,吴逑隆.江苏改革开放纪事(1979—2004)[M].北京:国家行政学院出版社,2005:104.

66.89%、28.98%、38.46%和42.45%。① 1987年，江苏乡镇企业总产值达797亿元，首次超过全民工业，成为"半壁江山"。② 1988年，全省乡镇企业总产值达1 078.41亿元，在全国率先突破千亿元大关。③

　　江苏乡镇企业异军突起，不仅为农村剩余劳动力的转移，为促进工业和整个经济的改革发展开辟了新路，而且在计划经济时代率先以市场为导向的成功实践，为确定以社会主义市场经济为改革的目标起了重要作用。乡镇企业带动了江苏经济的发展，促进了江苏的工业化进程。随着规模扩大，市场和资源不足问题凸显出来。走向世界、利用国际资源，成为江苏经济发展的必然选择。1981—1990年为江苏省利用外资的起步时间。截至1989年年底，江苏累计实际利用外商直接投资2.77亿美元，占全国实际利用外资总额的1.79%，位居第八，实际利用外资额仅为广东的1/20、上海的1/5、福建的1/3。江苏在1974年才被批准开设口岸，1980年全省进出口贸易总额仅为9.46亿美元，1990年增长到38.97亿美元，尽管十年间翻了两番，但仅为广东的9.3%④，不过以中国香港地区、日本、欧共体、美国为主销市场的格局基本形成，而雄厚的工业基础为对外贸易的蓬勃发展积蓄了力量。

 情境案例

谈苏商历史分期

　　××大学准备迎接百年校庆，学工处除了正常工作外，又增加了不少与校庆有关的临时性工作，忙得不可开交，有些应接不暇。于是，2019级历史专业学生谢××被抽调到学校学工处帮忙收集整理校友资料。虽然是临时

　　① 宋林飞，张步甲. 江苏改革与发展20年（1978—1998）[M]. 南京：南京大学出版社，1998：63.
　　② 江苏改革开放纪事（1979—2004）[M]. 北京：国家行政学院出版社，2005：170.
　　③ 宋林飞，张步甲. 江苏改革与发展20年（1978—1998）[M]. 南京：南京大学出版社，1998：64.
　　④ 范玮. 改革开放30年——江苏外向型经济发展历程与展望[J]. 江苏商论，2009（1）.

苏商与苏商文化

工作,但谢××同学既勤快又认真,还很注意一些细节的处理。学工处处长对其工作态度非常满意,问她:"你是学历史的,又是我们江苏人,对于我们江苏的工商业历史感兴趣吗?对江苏工商业的历史分期有什么自己的看法?"

谢××同学笑了笑说:"有点兴趣,将来的毕业论文或许是一个不错的选题方向。不过,我父亲对这方面挺感兴趣的,茶余饭后经常唠嗑说到,久而久之,林林总总,我也耳濡目染一点点。"谢××同学思索片刻又接着说:"通常的分期都是分为古代史、近代史、现代史吧,只是对具体的时间段可能会有分歧。"

案例评价:

谢××同学倒是一语破的,说到点子上了,作为大二的学生,还能考虑到毕业论文选题事宜,说她"睹始知终,明见万里"也不为过。

苏商历史划分为古代苏商历史、近代苏商历史、现代苏商历史。古代苏商历史是指自春秋战国到鸦片战争之前江苏工商贸易的历史。近代苏商历史是指自鸦片战争爆发到新中国建立,改革开放之前江苏工商贸易的历史。现代苏商历史指改革开放后江苏工商贸易发展的历史。

(二)"内转外"顺势而为

1991—2000 年,这是江苏"内转外"顺势而为之期。江苏在全国率先制定"经济国际化"战略,外贸出口结构明显优化,机电产品、高新技术产品成为拉动外贸增长的主要力量。这时期浦东的开发开放给江苏利用外资带来第二次大机遇。1991—1997 年,江苏国内生产总值从 1 601.38 亿元迅速扩大到 6 680.34 亿元,1992—1997 年这 6 年的年度增长率均在 11% 以上,经济始终处于快速增长的高平台。

1994 年外贸体制改革,自负盈亏,取消汇率双轨制,为扩大出口创造了有利条件。江苏进出口总值首次突破 100 亿美元,2000 年达 456.2 亿美元,占全国进出口的比重上升到 9.6%,出口市场增加到 190 多个国家和地区。出口商品结构明显优化,1998 年机电产品成为出口第一大类商品。这一阶段,江苏充分发挥制造业优势,大力发展加工贸易。1997 年,加工贸易首次超过一般贸易,成为出口的主导贸易方式。张家港保税区于 1992 年设立,

2000 年全国第一家出口加工区——昆山出口加工区封关运作。[①] 1997 年年底,江苏对外贸易占国民生产总值的比重为 29%;利用外资占全社会固定资产投资总额的比重为 23.3%。江苏经济总量的 1/4 以上是通过对外经贸领域直接实现的。以重化工业为主导的工业化加速推进,工业园区建设欣欣向荣。由于经济持续高速发展,江苏经济总量于 1992 年提前 8 年实现了比 1980 年翻两番的战略目标,人均国内生产总值也于 1993 年提前 7 年实现了比 1980 年翻两番的战略目标。江苏此时正处于强化外向开拓、经济社会加快发展的阶段,正因为有外向型经济的支撑,较强地拉动了江苏经济的快速发展,使得江苏经济始终处于快速增长的高平台。

(三) 创新驱动,蓬勃发展

2001—2011 年,这是江苏创新驱动、蓬勃发展之期。进入 21 世纪以来,江苏紧抓中国加入 WTO、世界经济复苏增长和国际产业转移三大历史机遇,多元拓展国际市场,发展壮大经营主体,不断优化投资环境,国际竞争力不断增强。2000 年之后,江苏进出口总额与出口额占全国的比重一直保持在 10% 以上,并且稳步上升。不仅对外贸易快速增长,而且出口产品结构不断优化,工业制成品比重大幅提高,高新技术产品出口成为外贸发展的新增长点。实际利用外资也进一步迅猛发展,2002 年突破了 100 亿美元,2003 年更是达到了 158 亿美元,占全国利用外资总额的比重达到了 29.53%,超过广东而居第一。

2006—2007 年,全省合同外商直接投资项目 3 996 个,年均增长 18.77%;新批合同外商直接投资金额 1 473.76 亿美元,年均增长 31.92%;实际外商直接投资金额 586.08 亿美元,年均增长 18.63%。对外贸易快速增长,2003 年、2005 年、2007 年进出口总值接连突破 1 000 亿美元、2 000 亿美元和 3 000 亿美元。此后,全球金融危机虽然对江苏外贸有所影响,但在危机后的 2010 年和 2011 年,江苏外贸进出口总值又连续跨越 4 000 亿美元和

---

① 南京海关综合统计处课题组. 改革开放 40 年江苏对外贸易发展的历程、特征与挑战[J]. 海关与经贸研究,2019(1).

5 000 亿美元两个台阶。[1]

2007 年,实际利用外资 218.9 亿美元,比上年增长 25.6%;新签对外承包工程和劳务合作合同金额 45.3 亿美元,比上年增长 22.2%,完成营业额 41.6 亿美元,比上年增长 19.2%;新批境外投资项目 255 个,比上年增长 14.9%,中方协议出资 4.7 亿美元,比上年增长 41.1%。

这一阶段,江苏各类海关特殊监管区域和场所竞相设立。中国首个综合保税区——苏州工业园综合保税区设立,此后,扬州、常州、常熟、吴江、吴中等出口加工区和张家港保税港区陆续成立。2001—2011 年,江苏外贸的年均增速高达 26.5%,较同期全国水平高 4.8 个百分点,占全国外贸的比重增至 14.8%。

(四) 量质并举,再造辉煌

2012—2020 年,这是江苏量质并举,建设"强富美高"新江苏的重要阶段。

随着中国经济进入新常态,江苏外贸迈入追求高水平、高质量发展的新阶段。2014 年,一般贸易首次超过加工贸易,上升为江苏外贸第一贸易方式并持续至今。这一阶段,江苏外贸进出口总值在 5 000 亿美元以上高位震荡,2017 年增加至创纪录的 5 911.2 亿美元。2017 年,江苏出口市场遍及全球 225 个国家和地区,年出口额超过 1 亿美元的市场有 101 个;进口来源地达 204 个国家和地区。与此同时,外贸经营主体数量进一步增长,2017 年全省有进出口记录的企业达 6.5 万家。这一阶段,江苏外贸发展新动能持续增强,新型贸易业态蓬勃发展。苏州被纳入国务院第二批跨境电商综合试验区试点,南京、无锡、连云港、宿迁成为省级试点城市。外贸综合服务从无到有,全省共认定 11 家省级试点企业,服务中小微企业超万家。

2018 年 4 月以来,中美经贸摩擦不断升级。美国作为江苏第一大贸易伙伴和第一大出口市场,江苏外贸与美国关联度较高,特朗普上任后,明确表明捍卫美国的"贸易主权",这对江苏外贸以及相关产业产生了一定的影响。尽管这样,2018 年江苏外贸进出口总值还是首次突破 6 000 亿美元大

---

① 南京海关综合统计处课题组. 改革开放 40 年江苏对外贸易发展的历程、特征与挑战[J]. 海关与经贸研究,2019(1).

关。可喜的是,民营企业逐年提升,2009年后基本稳定在65％以上,而传统劳动密集型产品出口占比逐年下降,2018年后基本稳定在16％～17％;东盟已超过日本,成为江苏外贸进出口第三大贸易伙伴。

2019年,江苏累计实现外贸进出口43 379.7亿元,占同期全国进出口总值的13.8％。其中,出口27 208.6亿元,进口16 171.1亿元,呈现以下特点:一是贸易结构持续优化,一般贸易占比连续三年上升。一般贸易进出口22 393.6亿元,增长4.9％,占同期全省进出口总值的51.6％,占比分别较2018年、2017年提高2.9、3.5个百分点。二是贸易伙伴位次变迁,欧盟超越美国,跃升为江苏第一大贸易伙伴,江苏对欧盟进出口7 316.3亿元,增长4.4％,对美国进出口6 252.8亿元,下降11.9％。三是新兴市场开拓力度不断加大,对"一带一路"沿线国家进出口10 644.3亿元,增长9.4％,高出全省外贸增速10.3个百分点;对非洲进出口982.3亿元,增长12.9％,高出整体增速13.8个百分点。四是"优进优出"出现积极变化,外贸转型升级取得实效。部分高附加值机电产品和装备制造产品出口保持良好增势,出口汽车增长47.1％、出口电子技术产品增长16.3％、出口医疗仪器及器械增长12.8％。进口方面,能源资源性产品进口稳定增长,铁矿砂进口值增长25.3％;部分重要设备和高新技术产品以及部分优质消费品进口较快增长。为"稳外贸",江苏积极培育新动能。组织超万家次企业参加境内外212个重点展会。在欧美、非洲和"一带一路"沿线市场新布局10家省级公共海外仓,14家省级公共海外仓仓储面积超过16万平方米,服务企业超600家。

2020年,极不平凡。在全球贸易大幅下滑背景下,身为中国外贸第二大省的江苏,经受住疫情和国内外经济形势的严峻考验,2020年进出口总额创下历史新高,为"十三五"外贸发展画上圆满句号。2020年江苏全省实现外贸进出口44 500.5亿元,比2019年增长2.6％,较全国增幅高0.7个百分点,占同期我国进出口总值的13.8％。其中,出口27 444.3亿元,增长0.9％;进口17 056.2亿元,增长5.5％。江苏省为促外贸、稳经济采取了一系列措施:一是创新出台"苏贸贷"升级版,帮助中小微企业化解资金压力。截至2020年11月底,新增放款47.4亿元、新增服务中小微外贸企业693家,同比分别增长139％、84％;利率降至3.7％左右。二是固本提质多维度展开外贸。据南京海关统计,2020年,全省一般贸易方式进出口23 774亿元,增长6.2％,

占全省外贸总值的 53.4%，占比比上年提高 1.8 个百分点。三是使主要贸易伙伴进出口实现正增长。2020 年,对欧盟(不含英国)、美国、东盟、韩国、日本分别进出口 6 521 亿元、6 358.6 亿元、6 226.9 亿元、4 787.7 亿元和 4 090.3 亿元,分别增长 0.1%、1.7%、7.4%、1.1% 和 0.6%;对"一带一路"沿线国家进出口 10 840.4 亿元,增长 1.9%。四是畅通国际物流。江苏花大力气确保中欧班列平稳有序开行。南京海关积极指导辖区通过"互联网＋海关"平台,为班列进出口货物申报开设专门通道,防疫物资查验"不见面",仅苏州海关验放的中欧班列出口口罩就超过 2.78 亿只,防护服 219.92 万套。2020 年,江苏 12 条中欧班列共开行 1 273 列、货值 123.11 亿元,同比分别增长 36.4%、53.8%。五是跨境电商、市场采购贸易等新业态助推外贸转型升级。2020 年 5 月,常州等地获批第五批国家跨境电商综试区,全省国家级跨境电商综试区增至 10 个。同年 7 月,依托中国制造网国际站平台,南京艾普太阳能出口捷克的太阳能热水器配件顺利通关,首开"跨境电商 B2B 直接出口"报关先河。至 11 月底,全省纳入海关统计的跨境电商进出口 59.9 亿元;江苏市场采购贸易方式出口超过 100 亿元,新增 7 家省级公共海外仓,总数达 21 家;仅南京市就有 1 440 余家企业入驻中国制造网等线上交易平台。六是加快出口产品提档升级,传统优势产品特别是集成电路等技术密集型产品出口保持优势。2020 年,江苏出口机电产品 18 342.8 亿元,增长 2.4%,占全省出口总值的 66.8%。

春风化雨,风云激荡。江苏改革开放 44 年,经历了四个阶段,彰显江苏商贸的质量和水平,其发展内涵不断优化,取得巨大成就的主要原因是:多种贸易充分发展,自主性加大;民营企业地位上升,内驱力增强;贸易伙伴遍布全球,多元化形成;出口结构不断优化,竞争力提高。

迎风破浪、砥砺奋进。江苏稳居我国船舶出口第一大省;拥有综合保税区、保税港区等海关特殊监管区域 21 个,数量居全国首位;省内亿吨大港达 8 个,港口货物吞吐量连续五年全国第一;九大民用机场全部实现了对外开放,数量居全国之首;江苏实际利用外资规模连续 12 年稳居全国第一。众多"第一"再造江苏辉煌!

剜股藏珠

　　海里有座宝山,有许许多多奇珍异宝,交错杂陈,藏在里边,光芒四射,耀人眼目。有个航海经商的人得到一颗直径一寸的明珠,乘船把它运回家。航行不到百里,突然风起浪涌,船身颠簸,只见一条蛟龙在海涛中出没,样子十分可怕。船工劝他说:"蛟龙是想得到那颗明珠啊! 请您赶快把它沉入水中,否则就会连累我了。"这个航海经商的人心中左右为难:丢掉吧,实在舍不得;不丢吧,情势所迫,又怕大难临头。于是,剜开大腿上的肉,把珠子藏了进去。风浪也随即平息下来。

　　这个航海经商的人回到家里后,取出了明珠,但不久,便由于大腿上的肉溃烂而死去了。"剜股藏珠"这个典故告诫人们:做事情切不可轻重倒置,也不能太过贪婪。

——典出《龙门子凝道记秋风枢》

贪狼食肉

　　有个屠户卖肉归来,天色已晚。忽然,一只恶狼走来,窥视着他担中的剩肉,显出一副垂涎欲滴的样子。这只狼,人走它也走,紧跟不舍,一直尾随了好几里地。屠户用刀吓唬,狼稍稍退却;等他转身一走,狼就又跟上来。

　　屠户没办法,心想,狼要得到的是肉,不如暂且把肉悬挂在树上,明天一早再来取走。于是就用肉钩勾住肉,踮起脚尖挂在树枝中间,并向狼示意担子已空,恶狼这才停止跟踪。这是经常用在商业上讽刺那些贪婪的人的故事。

——典出《聊斋志异·狼》

郑和下西洋在"一带一路"中的现实意义[①]

"一带一路"指丝绸之路经济带和 21 世纪海上丝绸之路。郑和正是中华民族开辟海上丝绸之路的先锋之一,研究郑和下西洋的起因、经过、结果,可以使我们更好地推进"一带一路"建设。

潘玥、肖琴认为,"一带一路"倡议在印尼稳步推进,在"五通"方面取得一定成果,但也存在一定问题,如存在地域误解和文化偏见、民心相通不足、行政审批程序繁复、贪腐问题严重、贸易中"通而不畅""中国威胁论"在印尼有一定市场等问题,由此阻碍着两国经济合作。利用"重构历史记忆"的方法来重构郑和下西洋的历史记忆,挖掘真实背后的"真实",在"一带一路"倡议背景下,重新认识郑和下西洋这一历史事件,并从中吸取宝贵历史经验,纠正文化偏见,促进中印尼经贸往来,以重构历史记忆服务于中印尼经济合作……事实上,早在我国东汉时期,两国就开始交往,其历史源远流长。在明朝郑和下西洋期间,双方朝贡贸易频繁,更是进一步加深了双方友谊。在"一带一路"倡议下重构郑和下西洋历史记忆,使印尼人民清楚认识到中国和印尼是友好邻邦,是合作伙伴,两国关系稳步发展才能促进双方的合作共赢。无论古代"海上丝绸之路",还是当今"海上丝绸之路",印尼都是重要沿线国家,也是参与者和受益者。"一带一路"不是中国一家的独奏曲,而是沿线国家的大合唱,仅东南亚一条线路便涉及数十个国家,自然离不开各国的参与和合作……郑和下西洋作为一个历史事件,虽然已很遥远,但通过重构郑和下西洋的历史记忆,缓解各方面的差异,并推动两国政府政策沟通、设施畅通、贸易畅通,促进两国企业资金融通,帮助两国人民民心相通,将在一定程度上有利于"一带一路"倡议在印尼的推进。

——摘录于王波、石亚琴的《近期郑和研究综述》(题目为编者添加)

[①] 王波,石亚琴. 近期郑和研究综述[C].中国明史学会利玛窦研讨会论文集,2020:8.

治厂如治家，创业同创军①

1894 年，甲午战争中国战败。次年，签订《马关条约》，被迫允许日本人在中国内地开设工厂。这一重大历史变局，大大刺激了中国人。就在这一年，江苏省内有三家棉纺厂同时开始筹建。一是新科状元张謇，在通州筹办大生纱厂；二是同为状元的陆润庠，在苏州筹设苏纶纱厂；三是杨宗瀚，在无锡创办业勤纱厂。

苏纶纱厂是三厂初创时规模最大的一家。它采用当时最先进的英国道勃生纺机，有纱锭 22 568 枚，招募工人 2 000 多人，创办资本达到 78.26 万两。

开办第二年，苏纶纱厂改由祝承桂接办。祝承桂讲究官场派头，不懂企业管理，经营一蹶不振。1903 年起，工厂转由商人费承荫租赁经营。1908 年费氏租赁期满，股东们要求收回自营，但一年内总经理三度易人，工厂经营再度跌入低谷。自 1912 年起，又恢复租赁经营。

直到 1925 年，严裕棠、吴昆生等人联合承租接办苏纶纱厂，一年后吴昆生退出。1927 年，严裕棠出资 30 万两，买下苏纶纱厂，从此，苏纶纱厂摆脱了 30 年内屡换租户带来的混乱局面，步入 30 年平稳发展的阶段。

严裕棠，1880 年（清光绪六年）生于上海，父亲、叔父均为买办。1902 年他筹办大隆机器厂，主要为外轮修配机件。后来逐步发展到修配纺织、印刷、磨粉、制皂及电机、锅炉等机械。至 1920 年，大隆厂扩建厂房，由机械修配向仿制、自制转变，成为上海一家颇具规模的机器修造厂。

严裕棠接手苏纶纱厂后，立即着手从两个方面进行整顿。

一是改革企业管理。严裕棠初到苏纶纱厂时，清皇朝被推翻已有 14 年之久，可这个厂还设有虎头牌和红黑水火棍，俨然官府衙门，主事人员和来宾到厂时，有仪仗队在门前分两班站立，齐声呼喝以壮声威。每年四时八节还摆设香案祭品，向神灵膜拜祷告。严裕棠到厂后立即下令废除站班，改由门卫轮班值勤。同时加强劳务管理，除少数机工实行计时工资外，其余操作工人全部实行计件工资制，细纱论"木棍"，摇纱论车数，织布论长度，鼓励工

苏商与苏商文化

---

① 汤可可，王粤海. 话说苏商[M]. 北京：中华工商联合出版社，2011：90－93.

人多劳多得。对厂警卫设立"更表箱",值班时不按规定巡视,不启动更表,将受到严厉责罚。同时,也注意改善员工福利,如对老住房进行整修,建造职工宿舍,开办工人子弟学校,设立医疗室等。严裕棠还特地在办公楼内悬挂一方"和为贵"的匾额,两侧是他手书的对联:

创业同创军,一心一德,日新月盛致霞蔚

治厂如治家,以勤以俭,朝乾夕阳见精神

二是实施技术改造。1930 年春,他主持辟建第二纺纱工场,按照"棉铁联营"的方针,用大隆厂自制的纺机武装苏纶,使纱锭总数达到 4.2 万余枚。同时以电力代替蒸汽引擎。同年又新建织布车间,安装布机 320 台,两年后续添布机 720 台,均由大隆厂制造。所产"神鹰"牌细布,在工商部国货陈列馆棉织品展览会上被评为优等,"天官"牌棉纱也以质地优良被列为当地纱布交易的期货筹码。20 世纪 30 年代中期,工厂有职工 3 000 多人,年产棉纱 3 万多件,棉布 11 万匹,年盈利最高达 40 万两左右。

案例分析题:

1. 苏纶纱厂原来是官办企业,接着是租赁—自营—租赁,最后是民办。为什么民办之前的 30 年很混乱,民办以后平稳发展?

2. 严裕棠接手苏纶纱厂后是如何进行改革整顿的? 如果是你,你会怎么做?

3. 中国传统社会中官办企业究竟如何向民办企业转型? 请以晚清官办企业苏纶纱厂的改制为例,具体分析企业改制过程中的传统做法,并对完全由官方贷款兴办的企业向商办企业转型的过程中股份制度的确立、资产的评估与重组、商办公司基本制度的确立等问题进行探讨。不必面面俱到,可以结合本章的学习就某一方面深入调查、研究、剖析,自拟题目,写一篇 400 字左右的小论文,要有独立的见解,不局限本书的观点与材料。

第三章

苏商与苏商文化

> 管仲反对向树木、六畜和人口抽税,主张"唯官山海为可耳","山海"就是铁和盐(《管子·海王》),他在这里提出"盐铁专卖"的经济策略,对后世统治阶级的经济政策产生了根本性的影响,造就了政商结合的基础。管仲还在《管子·奢靡》一文中系统地阐述了消费对生产的促进效用。

千秋万代,潮涌人流,蓦然回首,那精彩纷呈的商路上,先有管仲以商兴齐,终成五霸之一;后有范蠡弃政从商,创造商人佳话……有人顺势而为;有人抗衡搏击;有人偏安一隅……留下许多可歌可泣的动人故事,传递许多可圈可点的经验教训,让我们一起来感受古代苏商的跌宕起伏,让我们一同见证古代苏商的星火燎原!

一、范蠡:治国如治家

(一) 儒商鼻祖,三聚三散

范蠡,春秋末期越国(今河南南阳)人,著名的军事家、经济学家、实业家。他"居官为贤相,持家成富翁",治国如治家。他聪明睿智,文韬武略,无所不精,三番五次献策扶助越王勾践,如假降以存之策、离间吴国君臣之策等,尤其是还粮策,先用"借粮多还谷"迷惑吴王,再归还蒸了九成熟的谷子,导致吴国播种不长苗，全国歉收绝产，国库亏空，百姓饥馑，使吴王夫差民心皆失，境况急剧直下。范蠡实现兴越灭吴的政治抱负后，被封为上将军，自以为大名之下，难以久居，勾践可与同患，难与处安。于是乘勾践摆酒庆功之际，功成身退，带了沉鱼落雁的西施，到了太湖北边的五里湖。从此，泛舟五湖，遨游七十二峰之间。文种没有听从范蠡"飞鸟尽，良弓藏；狡兔死，走狗烹"的忠告被勾践杀了。范蠡明智，得以善终。范蠡虽退隐但没有避世，开启了从商之路，成为历史上弃政从商的第一人。

其实，范蠡的还粮策中就隐含商道，在那时，他的商才就已经显露了。他退走齐国，以"鸱夷子皮"打开从商名号，齐国曾三请范蠡为相，他为相三年后又辞别，行至陶山（今山东），自号"陶朱公"，再次从商。他善于选择经商地点，陶丘是居于"天下之中"的宋国最佳经商之地；他善于把握商机，还深谙销售之道，贵出贱取，薄利多销。故十九年累积千万家财。他"三聚三散"，赢得"富而行其德"的美称，成为我国儒商的鼻祖。

（二）思想策略，虎啸风生

范蠡的经商思想和理论影响很大，无论古今，无论从商还是为官，都能从中获得启示。受范蠡影响最大的是越王勾践。他采纳范蠡商贾兴国等策略，振兴国家，报仇雪耻。战国时期著名商人白圭的"欲长钱，取下谷"就是受范蠡薄利多销理论的影响而获得"积著率岁倍"的大利；白圭的"农业经济循环论"也是受范蠡"时断智断结合论"的影响。范蠡的经商思想，一直延续至今，如今许多商场、宾馆、酒楼打折迎客户也是一种"薄利多销"的策略。

范蠡提出的"农末俱利"的价格政策和"平粜齐物"的经济主张有重要的理论意义和实践意义。他认为"谷贱伤民、谷贵伤末"，应该把价格调整到"农末俱利"，才会使农业和工商业都发展，有利于国民经济协调运转。他还认为只有处理好谷价与其他商品价格的关系，才能发挥生产与流通的作用。这种运用价格规律促进生产和流通的方式，采取的是经济手段而不是行政命令，值得肯定。"平粜"是范蠡首先提出来的，他主张用"平粜"的办法控制物价，战国时李悝推行平粜法和汉代设"常平仓"都是这一思想的发展与实践。因此，"平粜"思想的重要性不可忽略。

苏商与苏商文化

谈范蠡经商理论的影响

江苏××学院准备出版一本研究探讨苏商的著作,但在古代苏商方面还存在材料薄弱的情况,教学秘书沈××让档案管理专业、家在南京的翁××同学在寒假期间去南京市图书馆、档案馆、博物馆走访、调研并搜集资料。翁××同学为人稳重、办事认真、勤奋好学,果然收获颇丰。沈××老师看见翁××同学满载而归,随口问他:"古代范蠡的经商理论有何影响?"

翁××同学思考片刻说:"搜集的材料比较宽泛,我也仅仅浮光掠影、走马观花而已。范蠡的经商理论对后世影响很大,战国时期著名商人白圭的'欲长钱,取下谷'就是受范蠡薄利多销的影响而获得'积著率岁倍'的大利;白圭的'农业经济循环论'也是受范蠡的'时断智断结合论'的影响。"

案例评价:

档案管理专业的翁××同学的回答准确无误,他说自己浮光掠影,是谦卑,其实我们倒是很佩服他的记忆力,"欲长钱,取下谷""积著率岁倍""时断智断结合论"等带有古文,不是那么好记忆的,他能丝毫不差地表达,不是每个同学都能做到的;我们更钦佩他的概括力,能这么简明扼要地回答问题。

的确,范蠡的经商理论影响很大,受范蠡影响最大的是越王勾践。他采纳范蠡商贾兴国等商论,振兴国家,报仇雪耻。范蠡的经商思想,一直延续至今,如范蠡的薄利多销理论,今天许多商场、宾馆、酒楼打折迎客户也是一种"薄利多销"的经商策略。范蠡提出的"农末俱利"的价格政策和"平粜齐物"的经济主张至今有重要的理论意义和实践意义。

二、沈万三:大起大落

(一) 海运贸易,飞黄腾达

沈万三,元末明初浙江湖州人,后来随父迁移到苏州东蔡村,即如今的江苏昆山周庄东垞。元明之际，周庄素有"中国第一水乡"的美称，水网密布，西可接京杭大运河经营漕运，东可入长江出洋达四海进行海运，交通便捷，商贾云集，而海运比漕运省钱省力还省时，当时海运多为私人经营，甚至承包国家的军需和国粮的运输。沈万三正是利用周庄的地理优势，经营海运贸易，攫取巨额财富，一跃成为元明之际的中国首富。文化名人余秋雨先生对沈万三一生的评价是：中国 14 世纪杰出的理财大师。

早期，沈万三辛勤务农，围垦养殖，积累了原始资本；后帮江南巨富陆氏打理生意。陆氏将自家的资产尽数赠予精明的沈万三，沈万三获了意外之财，如虎添翼，他又极富商业眼光与胆识，扩建府邸，广购田宅，大肆囤积丝、瓷、粮等货物，利用周庄四通八达的水路，进行大规模的国际贸易，赚取了巨大的利润。

沈万三成为富甲海内的巨贾后，先后在吴江、苏州、南京等地居住营商。为了保值，他几乎将苏、浙等地的大片肥田收购一空，加上极善经营，几乎垄断了江南丝绸、瓷器、粮食等大宗货物的出口贸易。

（二）运交华盖，繁华落尽

沈万三富可敌国后，为人张扬，处世高调，出手阔绰，骄奢淫逸，挥金如土，宴请达官贵人，丝竹女乐，通宵达旦。为了饮酒应酬，专拨田数十顷；请家庭教师王行，每写一篇文字，赏稿金二十两银子。据说沈万三从海外贸易归来，请皇帝朱元璋吃饭，桌上有来自世界各国的美味佳肴，但盛宴尽显朱元璋的孤陋寡闻：日本名贵的马骨骆（金枪鱼）被当成小毛鱼，特番里国的甜瓜被当成萝卜，欧罗巴的红葡萄酒被当成鸡鸭血。宴请本是献媚讨好，却让皇帝出丑难堪，下场可以预知。

性格决定命运。朱元璋定都南京后，沈万三算是运交华盖了。朱元璋曾召见沈万三，命他献白金千锭，黄金百斤。修筑南京城，沈万三想为朝廷分忧，出资修筑都城的三分之一，表示愿与朝廷对半而筑，同时开工，结果沈万三比朝廷更快更好地完工，犯了功高盖主之忌，惹朱元璋不快。沈万三自恃有钱，自掏腰包约百万两银子，犒赏全军，每人一两银子，使得心胸狭窄的朱元璋由妒而恨，勃然大怒，萌生杀机。朱元璋下令对沈万三收重税，又借口沈万三有谋反之心，欲诛杀他。经马皇后苦苦劝谏，才改判流放云南,家产充公。沈万三手下最能干的一个女婿也被流放潮汕,沈家失去了主心骨,开始走向衰落。更大的打击接踵而来,1386年,沈万三的两个孙子沈庄、沈至被人告发隐瞒田赋入狱,沈庄死于牢中,从此沈家一蹶不振。1393年,沈万三在云南仙逝,享年88岁。1398年,沈万三的女婿顾学文被人诬告参与胡惟庸、蓝玉谋反,顾家满门并沈家幸存的六个曾孙辈共八十余口被凌迟处死,所有田地没收充公。沈万三殚精竭虑积攒的巨额家产,灰飞烟灭。曾经的首富,家破人亡。

繁华落尽,哀鸿遍野,歌台舞榭空伴残垣断壁无言地屹立在周庄,默默地述说昔日的辉煌。沈万三由盛而衰,从高调亮相到黯然离场,血的教训,警示后人。

 **情境案例**

分析沈万三悲剧的原因

××学院工商管理专业的学生窦××和项目管理专业的学生叶××到南京××有限公司实习,南京××有限公司的经理带他们出去参加一个产品展销会,路过南京明城墙。他们从明城墙的保护,谈到明城墙的历史,以及朱元璋与沈万三的关系、沈万三的悲剧。最后,经理意味深长地问他们俩:"沈万山悲剧的原因是什么?"

窦××同学不假思索地说:"性格张扬,处处炫耀财富,让穷苦出身的朱元璋心生讨厌,嫉妒,萌生杀心;骄奢淫逸,挥金如土,功高盖主;处事高调,没有注意场合,让皇帝朱元璋难堪。当初朱元璋打天下时,他就摇摆不定,既支持朱元璋,又暗中帮助张士诚,而且自己出钱犒劳三军。难道不知道'财不外露'这个道理吗?后朱元璋得天下,大家都知道他是眼里容不得沙子的主,连和他一起打天下的兄弟都杀,更何况朝三暮四的沈万三。"叶××在一旁欲言又止。

案例评价:

叶××此时无声胜有声,勉强回答,反而相形见绌。窦××同学对经理的问题,回答得干脆利落、比较全面,但个别地方观点与例子分离,如"出钱

犒劳三军"的例子应该放在"处处炫耀财富"之后,才能更有力地支撑观点。如下:

性格张扬,处处炫耀财富,比如自己出钱犒劳三军。这让穷苦出身的朱元璋心生讨厌,嫉妒,萌生杀心;处事高调,功高盖主,如修城墙比朝廷快3天;骄奢淫逸,挥金如土,如宴请达官贵人丝竹女乐,通宵达旦;说话做事没有注意场合,让皇帝朱元璋难堪,如贸易归来宴请朱元璋,尽显朱元璋的孤陋寡闻,特番里国的甜瓜被朱元璋当成萝卜,欧罗巴的红葡萄酒被朱元璋当成鸡鸭血……当初朱元璋打天下时,他就摇摆不定,既支持朱元璋,又暗中帮助张士诚,后朱元璋得天下,大家都知道他是眼里容不得沙子的主,连和他一起打天下的兄弟都杀,更何况朝三暮四的沈万三。

这样稍加调整,每个观点之后都有材料支撑,观点与材料更统一,条理性更强,论据更有力支持观点。

三、古代苏商面临的困境

春秋战国时期,没有严厉的"重农抑商"之策,苏商的地位并不低下;秦始皇当政时,经商是有罪的;汉代以后工商业虽有发展,但总体还是抑商的。古代"等富贵,均贫富"和"不患寡而患不均"的社会主流思想,使古代苏商地位不高。秦代商人和他们的子女都不能为官;汉代限制商人为官的律法最多,如市井之子孙、赘婿皆不得为官,还规定只可给商人财物,不可授予官职;宋代依然阻止商人参加科举考试,即阻挡商人做官这条路……以上种种,使古代苏商面临许多困境。

(一)经营的范围受到限制

秦孝公时期商鞅变法,主流思想认为国家富强的根本是农业和战争,间接强化"重农抑商""重本轻末"。商鞅通过各种法令禁止粮食买卖,迫使商人回归农业;商鞅还禁止私人经营旅馆业,更有多种举措限制商业规模扩大,挤占经商空间,导致商业格局小、商品流通不畅,达到"无利则商衰,商衰故农兴"的统治目的。汉时没有秦朝那样的严刑峻法,但国家战略物资垄断,限制商人经营领域,推行专营经济政策。汉武帝时,商人大发国难财,哄抬物价,诸侯都依靠商人供给,不得不向商人低头,逼迫汉武帝出重拳推行抑商政策。唐代专营领域更广,茶、酒都是专营商品。明代无特种行业专卖的商业凭证,禁止从事盐业。清初实行禁海令和禁矿政策。总体看,秦汉抑商最为严重,其后都不如秦汉专制。

(二)人格尊严也易受羞辱

工商业不受重视,必然导致古代苏商的地位低下,人格易受羞辱。秦朝称商人为"贾人","贾人"身份累及子孙三代,不能改变身份,不能为官。秦始皇把商人类同罪犯,商鞅称商人为"国害",如果政府需要戍边,商人被发配边疆的可能性比普通人更大。在古代,商人可以积累大量财富,但缺乏相应的地位,这是"重农抑商"的必然结果。汉高祖刘邦曾经颁布诏令不准商人穿丝绸衣服、乘坐马车,对商人征收重税,以表示对他们的羞辱;唐太宗李世民对商人所穿服饰有特别的要求,规定商人只能穿灰黑色衣服;明太祖朱元璋更是讨厌商人,向往男耕女织的社会,诏令禁止商人之家穿丝绸。封建社会自给自足,历来重视农耕,轻视工商业,这种轻视从正统理论到民间意识都十分严重,民间往往不敢露富,稍有起色,便有冷嘲热讽,如"富不过三代"……

(三)苏商财产得不到保护

在中国两千多年的封建社会中,虽有私有财产不受侵犯的律法,但对于统治阶级却没有任何约束力,统治者对私人财产的侵犯无须承担任何责任,历朝历代都有以国家稳定之名侵犯私人财产权的行为。随便一个罪名,罚没资产;动不动以社稷稳定的名义迁徙大商富贾,如明代商人迁凤阳和南京的不计其数。明后期热衷告密,"中人之家,破者大半"。在税率税种方面,随意增加税种,频繁提高税率,更是毫无法度。例如,商鞅主张"重关税之赋"以打击商人,工商业极不发达;唐代"安史之乱"之后,朝廷急于用钱重振社稷,采取向富商征敛纳捐"十分收二",从而"商旅无利,多失业矣";元代除了常规税以外还有煤炭税、鱼苗税等。古时历代商人都受到统治阶级税收政策的盘剥,导致破产。统治者打压了商人的主动性和积极性,反而沽名钓誉,自夸"吾取诸商贾,非取诸民也"。清朝大盐商江春感慨道:"奴才即使有金山银山,只需皇上一声口谕,便可名正言顺地拿过来,无须屈身说赏借。"

总而言之,中国古代商人地位极其低下,往往处在风口浪尖,风险极大,随时有颠覆之危。统治者抑商原因有三:一是商人流动性大,不利于国家稳定;二是商人不从事生产,生活却很富裕,有不劳而获之嫌;三是经商追求自由平等,不利于封建专制统治。所以,中国古代商人富裕后,总是千方百计改变身份,以期提升社会地位。

 **情境案例**

探讨古代苏商的困境

  ××学院金融专业的学生余××到镇江××公司实习,镇江××公司经理对余××同学来实习,感到很高兴,公司最近一段时间很忙,正好可以多个帮手。大概是为了进一步考察她,看放在什么岗位合适,经理询问:"你是经济类专业的,又是江苏人,知道我们古代苏商的困境吗?"

  余××同学笑了笑说:"总体来看,古代苏商的地位比较低下,如秦始皇当政时,经商是有罪的,秦代商人和他们的子女都不能为官;古代苏商经营的范围也受到限制。"

案例评价:

余××同学的回答,不够全面。

古代苏商不但经营范围受限制,人格尊严也易遭羞辱,财产还得不到保护。古代虽有私有财产不受侵犯的律法,但对统治阶级却没有任何约束力,统治者对私人财产的侵犯无须承担任何责任,历朝历代都有以国家稳定之名侵犯私人财产权的行为。随便一个罪名,罚没资产;动不动以社稷稳定的名义迁徙大商富贾,如明代商人迁凤阳和南京的不计其数。明后期热衷告密,"中人之家,破者大半"。在税率税种方面,随意增加税种,频繁提高税率,更是毫无法度。如商鞅主张"重关税之赋"以打击商人;"安史之乱"后,唐朝急于用钱重振社稷,采取向富商征敛纳捐"十分收二","商旅无利,多失业矣"……

苏商与苏商文化

弦高犒师

弦高犒师是一个流传两千多年的爱国故事。故事发生在春秋时期,公元前628年,郑文公去世,公子兰继承君位。一心想要东扩的秦穆公决定利用郑国国丧机会,消灭郑国。于是他命令大将孟明视、西乞术、白乙丙带领兵车400辆偷袭郑国。第二年(公元前627年)二月,秦军带领的主力走到了滑国(今河南偃师、巩义市一带)境内,滑国是晋国的一个附属国。到了滑国以后,碰到郑国的一个商人,这个商人很有名,叫弦高,弦高赶了十二头牛,要到外面去卖牛。一下子碰见了远程奔袭的秦军,这弦高就慌了,他怕秦军杀他,赶快说:"我们的国君,听说你们要来了,一方面加强防守,另一方面派我带着这十二头牛来犒赏秦军。"他编了一套谎话,然后把这十二头牛献给了秦军。这三个主帅一听,心想完了,人家已经有准备了,还派人来献牛,这仗不能打了,也不去郑国了。再说弦高派回去报信的人告诉郑穆公秦军要偷袭的消息后,郑穆公一面传令军队进入战备,一面派人去秦国派到郑国的使者那里探听究竟。看到秦国使者和随从已经装束停当,手持武器,准备行动后,郑国的大臣皇武子就客气地说:"听说各位要回国,我们没有时间为你们饯行,我们郑国的原野上,到处都有麋鹿出没,请你们自己去猎取吧。"秦军见此情景,知道郑国已经有了准备,被迫放弃偷袭计划,只好在回国的路上消灭了滑国回去了。

沈万三和朱元璋

沈万三从海外贸易归来,请皇帝朱元璋吃饭,由刘伯温当陪客。朱元璋朝桌上看了一眼说:"沈财主,你为什么这样有钱?又为什么这样小气?"沈万三张口结舌地望着朱元璋,不知他说的什么意思,嘴里嗫嚅着:"这,这……"

刘伯温也跟着紧张了起来,不知朱元璋打的是个什么哑谜。朱元璋这才解释说:"你今天远航归来,宴席应该是非常丰盛才是。怎会既无百姓人家的鸡鱼肉鸭，又无富贵之家的山珍海味，哪样菜看上去都不起眼。"沈万三这才明白了朱元璋的意思，忙说："请皇上点一样菜。"朱元璋手一指说："请皇帝、宰相吃饭，竟用小毛鱼，小得像一卷卷头发丝，叫人怎么吃？"沈万三忙解释说："这鱼是金枪鱼，是日本国的鱼，中国没有。日本人叫它马骨骆。这鱼即使在日本国也是很名贵的。"

沈万三说得朱元璋白眼直翻，气歪了鼻子。朱元璋万万没料到自己的指责竟完全暴露了自己孤陋寡闻。刘伯温暗暗叹气：唉，沈万三呀沈万三，你管他说什么呢？他说他的，你听你的，西耳进，东耳出，事情不就完了吗？这样只能惹祸上身。傻瓜！

朱元璋还是不服气，又指着一样菜说："看看，这萝卜也不切，就这么整块地放在盘子里，佐料也没一样，粗制滥造！"沈万三急忙解释："这不是萝卜，是甜瓜，中国没有，产自几千里以外的特番里国，又软又绵，香气满嘴，皇上尝尝。"朱元璋接连碰了两个钉子，这回学乖了，不想再问了。刘伯温乘机喊了起来："上酒，上酒。"仆人赶紧拿起酒壶，向三人的酒杯中斟酒。朱元璋一看，吓得大叫起来："沈万三，你怎敢用鸡鸭血来当酒给朕喝？"沈万三已经掌握朱元璋这个乡巴佬多疑的性格了，马上把酒杯端起来，在朱元璋眼皮下亮了亮，然后喝了一口说："皇上，这是红葡萄酒，中国也没有，产于欧罗巴。"

宴会终于开始了。桌上的佳肴全是来自世界各国的名点名菜，真是见所未见，闻所未闻。仆人们忙着上菜，酒桌前的水榭上歌妓们跳着欢乐的舞蹈。酒过三巡，沈万三手一挥，歌妓们全撤了下去。沈万三说："皇上，这些舞蹈都是我们中国的，早已看厌啦！这次我从外国带回来一套波斯舞，请您二位欣赏。"说完手又一挥。

激越的手鼓声从两墀传来，仿佛万马奔腾的马蹄声震撼着大地，伴随着清脆的银铃声，直向秉烛轩冲来。三位观赏者顿时被震慑住了，屏息凝神地注视着前方。水榭上突然一道悦目的闪光，那是一个女人的身体，在千变万化的舞姿中进入了三个人的视线。那女人头戴花帕小帽，帽檐上缀着一圈小铃铛。脑后数十根细辫如瀑布般飞洒着。两道浓眉间点着鲜红的圆痣。上身只有两个巴掌大的红圆罩，遮着两半个丰满的乳房。下身的彩裙是五颜六色的长条布围在腰间，飞旋时四面飘散，透出了里面鲜红的三角裤头。这种靠天然美丽的身段来展示舞姿，与中国传统的靠五彩缤纷的衣裙来吸引观众,则是完全不同的风格。

沈万三看得双眼笑成一条线。刘伯温与朱元璋则被这异国情调惊得目瞪口呆。鼓声慢慢地减缓了,女子轻转柔步,那细软的腰肢,卷曲的身体,在如透明般晶亮光滑的皮肤下,好像根根柔骨都若隐若现。比大理石还要晶莹的身体,白里透红,几乎整个暴露在灯光下,在婀娜轻盈的舞蹈中,产生了追魂摄魄的魅力,牢牢地吸引着三位观赏者。她的手腕和脚踝都绕着一圈小铃铛,随着舞蹈发出"叮铃铃"清脆的响声,与沉闷的鼓声穿插在一起,产生了相映成趣的效果,使三位观赏者更加迷醉了。舞蹈结束时,那女子弯腰鞠躬,赢得了三人一片掌声。

朱元璋问:"这女子是中国人吗?"沈万三说:"不是,是波斯国的舞女,我买下来了。"朱元璋问:"是给朕的礼物吗?"沈万三慌忙说:"不,我爱她。"朱元璋听后十分不悦。刘伯温在一旁心想:完了,沈万三死定了!

果然,不久朱元璋找了个借口,把沈万三充军到云南去了。

案例分析题:

1. 你对沈万三充军云南有什么看法?

2. 你认为应该如何与领导以及周围的同学相处?

明朝有无沈万三其人①

北京师范大学历史系顾诚教授在《沈万三及其家族事迹考》中说:"沈万三是元朝人,有关他本人在明初的一切'事迹'纯属讹传。"顾诚的根据主要是乾隆十二年《吴江县志》卷五六·旧事:"张士诚据吴时,万三已死,二子茂、旺密从海道运米至燕京。"照此推算,"张士诚的军队攻占平江路(苏州)是在元至正十六年(1356年)二月,这就是说1368年朱元璋建立明朝的时候,沈万三已死去12年以上。""沈万三可考的事迹不过如此,都是元中期到顺帝前期事。如果一定要为沈万三提供一个大致的生活年代,那么,我们可以推断他出生于1286年前后(其子沈荣生于1306年),死于1348年至1356年之间,大约活了六七十岁。②"

① 户华为. 民间传说与历史记忆——以沈万三传说为例[J]. 晋阳学刊,2004(5).
② 顾诚. 沈万三及其家族事迹考[J]. 历史研究,1999(1).

何光渝说，偶然读顾颉刚先生的《苏州史志笔记》时，意外发现他记于1953年三、四月间的"沈万三遗迹"数则中也说："石家堂在北寺山门左，四层，深凿佛像，元沈万三所置"；"元沈万三宅，在周庄，甚小。万四宅在黄墟。万三名富，字仲荣，富甲江南。万四名贵，工诗，先隐终南。"——看来这位顾先生也认为沈万三是元代之人。有心且治学严谨的史家，关注民间流传已久的人物，从史实出发，订正传讹，其用心和必要性，毋庸置疑。①

何光渝认为，明季野史，多达千家。记载歧出，舛讹甚多。目前所能看到的沈万三史料，没有元代的，明清时的则多达百余种，大多是互相传抄，或故老传言，或听闻想象，以讹传讹、荒诞不经的不少。若是一概抱着拿来主义的态度，不加考订，为我所用，必然会以讹传讹，贻患后世。既然"沈万三"这个人在明朝建立之前就已经不在人世了，那么，他与朱元璋之间的种种传说，尽管编得活灵活现、沸沸扬扬，但并非历史真相。所有关于他在明初"事迹"的传说都纯属讹传，都是人们后来的虚构。当然，在这背后或许是隐藏着江南士绅不满于朝廷压抑的情绪。②

朱恒夫说，沈万三虽为民间故事中的人物，然确有其人。《昆山县志》中介绍道：沈万三，名富，字仲荣，世称万三，昆山周庄人。元朝末年随父沈祐由湖州南浔镇徙居周庄东垞，以躬耕起家。后又迁至周庄银子浜，到吴江分湖陆道源家理财，并得其巨资。回周庄后凭借硯江（古东江）西接京杭大运河，东北经浏河出海的有利条件，开始他"竞以求富为务"的对外贸易活动，迅速成为资巨万万、田产遍天下的江南第一富豪。发迹后，他曾先后流寓南京、苏州、吴江等地，富名遍天下。明初，助筑南京城三分之一，继而又犒劳明太祖的军队，军百万，一军一两银，如数输之，竟毫无困苦的样子，明太祖深恐"民富敌国"，怒欲杀之，后被发配云南充军。死后水葬于周庄银子浜③。

樊树志认为，顾诚先生断言沈万三"在明朝建立以前即已去世"，是没有

① 何光渝. 明朝没有沈万三——读史献疑之一[J]. 贵阳文史，2014(9).
② 同上引.
③ 朱恒夫. 关于沈万三的叙事文学考论[J]. 明清小说，2004(2).

说服力的。顾诚先生这样认定的主要证据是乾隆《吴江县志》"旧事"中的一段话："沈万三秀有宅在吴江廿九都周庄，富甲天下，相传由通番而得。张士诚据吴时，万三已死，二子茂、旺密从海道运米至燕京。"所谓"张士诚据吴时"，是指元末群雄蜂起，张士诚割据苏州一带的时候，据此断定，他在明朝建立以前已去世。但是，沈万三是一个传奇人物，有关他的传闻，大多互相矛盾，说"张士诚据吴时，万三已死"，只是众多传闻中的一个说法。即使乾隆《吴江县志》"旧事"一节，也有不同说法。就在"张士诚据吴时，万三已死"这条史料后面，该书的编者引用了另外两条史料，一条是《明史·后妃传》所说："洪武时，吴兴富民沈秀者，助筑都城三之一，又请犒军"；另一条是引用明人王世贞《国朝丛记》中的一段话："大豪沈万三尝伏法，高皇帝（朱元璋）籍没其家，所漏资尚富"①。

樊树志进一步认为，王世贞是晚明文坛大家，他的《弇州史料》是研究明史的资料宝库，《国朝丛记》就是其中之一，因此不仅《明史·佞幸传》引用这一段话，乾隆《吴江县志》也引用了，可见该书编者并不轻信沈万三死于元末的说法。《吴江县志》编者在引用此条史料之后，特别加了一个按语，表明对此事的看法——"按：此条乃当时奏纪纲罪状，语最确实，《明史·佞幸传》亦采之，夫万三既籍没，而文度所进纪纲尚如此，则其富真不资矣。但莫志云：'张士诚据吴时，万三已死'，而此云：'万三尝伏法，高皇帝籍没其家'，《明史》亦云洪武时沈秀助筑都城，请犒军。其事互异，未知孰是？"在记录沈万三的几条"旧事"时，表示对互相抵牾的说法存疑——"未知孰是"？但从语气上揣摩，似乎更倾向于相信"大豪沈万三尝伏法，高皇帝籍没其家"，而不相信"张士诚据吴时，万三已死"。有鉴于此，顾先生引用上述证据，证明沈万三死于张士诚据吴时，便有点飘忽了。②

户华为认为，虽然对沈万三的传说有不确定性，但是"即便关于沈万三与明朝政治史事的关系有很多虚构的成分，这个传说产生和流传的过程恰恰是一个历史真实，就是说人们为什么去创作这个东西，究竟是什么人创造出来的，传说是怎样出笼并且流传至今的……这样我们所关心的问题就变

①　樊树志. 沈万三事迹考辨[N]. 东方早报，2012-05-06.
②　同上引.

成了传说文本反映出来的社会舆论,造成这种社会舆论的历史动因,以及后人对此的历史记忆。也就是说,如果我们将文献与口述历史视为'历史记忆'的不同表达方式,我们所要了解的是留下这记忆的'社会情境'与'历史心性'及二者的变迁,而这些都是我们所欲探索的'历史事实'。因此对于沈万三的研究不能仅着眼于对其个人事迹真实性的追寻,而是把它当作一种历史记忆,借用'知识考古'的办法,剖析其背后反映的社会内容和心态历程。就具体的时空情境而言,沈万三的许多事例都是传说,但这些虚构的东西并不因为源于时人或后人的有意杜撰而不值得分析,恰恰相反,我们有必要以一种新的视角,通过这一承载某些历史记忆的文本和符号,去透视其中的社会底蕴"。

——摘录于《江苏商论》主编王波的《沈万三研究综述》

沈万三致富经验①

金湛东认为,沈万三家族的崛起和衰落确实令人嘘唏慨叹。沈万三凭借经营上的杰出才华,运用诚信的操守、敏锐的洞察力、机智过人的胆略和审时度势的经营策略,白手起家,打造出了一个超一流的"企业帝国"。沈万三的经营理念有:勤劳——大事要亲力亲为,力不到不为财。诚信——做生意非一次而富。智慧——大智大勇,独具慧眼。机遇——把握买卖的时机和自身的运气。除了经商,与政治集团结合也是沈万三致富的秘诀。金湛东认为,正所谓"祸兮福之所倚,福兮祸之所伏",由于沈万三后来没有处理好与以朱元璋为代表的新皇权集团的利益关系,这富可敌国的财富最终给沈氏家族带来了灭门的灾难。沈万三一生用钱开路,一掷万金,奢侈无度。从他自己的立场来讲,讨好皇帝,是为了让自己平安地攫取更大的财富。在张士诚时代,他是成功的,的确敛聚了更多的钱财,而在朱元璋时代却失败了,落得家破人亡。究其根源,还是由沈万三的个人价值观所致,他过去成功的经验,使得他产生了偏见,即"钱是万能的"。而最后的事实告诫他,人生于世,没钱是万万不能的,但钱绝对不是万能的。②

——摘录于王波的《沈万三研究综述》

---

① 王波. 沈万三研究综述[J]. 闽商文化研究,2019(2).
② 金湛东. 明朝巨富沈万三:把握平衡法则[J]. 东方企业文化,2011(9).

案例分析题：

1. 你认为沈万三是元末人还是元末明初人？你可以在此基础进一步考证。

2. 沈万三的致富经验对你有何启发？

3. 结合本章学习，谈谈有朝一日自己功成名就的规划。

苏商与苏商文化

第四章

近代苏商 群星璀璨

> 洋务派思想家冯桂芬主张"自造、自修、自用",自力更生创办军事工业。他说"中华之聪明智巧,必在诸夷之上",对西方"始则师而法之,继则比而齐之,终则驾而上之",即开始时学习并效法它,接着与它相当,最后超越它。他认为一切有益于国计民生的科学技术都应学习,掌握科技才能富国安邦。

鸦片战争、军阀混战、抗战、内战,接连的战乱,近代商人在动乱中挣扎,在炮火中成长。有的游刃官商;有的追逐时势;有的惨淡经营;有的怆然出走;有的彷徨等待……他们品够了盛衰荣辱,他们尝尽了生死情义。近代工商业,不少是"眼看他起朱楼,眼看他宴宾客,眼看他楼塌了"。江苏能在如此艰难困苦中成为中国民族工商业的发祥地,实属不易。苏商创办的企业无论数量和规模,都让人望尘莫及。宝剑锋从磨砺出,一代领军健将脱颖而出,各领风骚:"中国商父"盛宣怀、状元实业家张謇、民族资本家首户荣氏兄弟、"纺织巨子"刘国钧、"中国的摩根"陈光甫、"企业大王"刘鸿生……

一、盛宣怀:中国商父

盛宣怀(1844—1916),江苏省常州人,洋务派代表人物,著名的企业家和慈善家。盛宣怀创造了11项"中国第一",是我国近代民族工商业的开创者之一，一生经历传奇，成就非凡，被誉为"中国实业之父""中国高等教育之父""中国商父"。李鸿章评价盛宣怀："志在匡时，坚忍任事，才识敏瞻，堪资大用。"张之洞说他："可联南北，可联中外，可联官商。"孙中山赞其："热心公益，而经济界又极有信用。"

（一）办大事兼高官

盛宣怀是以创办民族工商企业起家的。李鸿章评价其抱负时说"欲办大事，兼做高官"。1870年，盛宣怀入当时最大的洋务派首领李鸿章幕府，协助李鸿章办洋务。他聪慧好学，深得李的赏识，第二年就升任知府。官办苏商盛宣怀后来成为洋务运动的核心人物，能力毋庸置疑。史载他万言之文能一挥而就，倚马即成，抑或有虚夸，但说明他有过人之处。李鸿章同洋人打交道，很多的事都要听盛宣怀的建议才决断，可见，盛宣怀对李鸿章的影响直接左右中国时局的走向。

盛宣怀兼做的高官让人目不暇接，先后任天津河间兵备道、天津海关道、招商局督办、山东登莱青兵备道道台兼东海关监督、直隶津海关道兼直隶津海关监督、大理寺少卿衔、太常寺少卿衔、邮传部右侍郎等职。身为晚清官员，盛宣怀具有前瞻性和实用主义精神，难能可贵，千载难逢，百不获一。

1911年，英美法德四国的银行团逼迫清政府偿还贷款，清政府只能将川汉铁路与粤汉铁路卖给西方列强，以此偿还贷款。盛宣怀升任邮传部大臣，建议将各省自己建立的铁路、邮政转为中央领导，并向四川总督发电，告之朝廷收回铁路的政策。电文被公开后，利益受到牵连的四川、湖南、湖北、广东相继掀起了保路运动。清政府派遣武昌新军入川镇压叛乱，武昌空虚，城中的革命党趁机发动了武昌起义。盛宣怀被革职，逃亡日本。

盛宣怀作为洋务运动干将，一生主要致力于洋务事业。他官位晋升得益于他的实业，反过来，他又以官府的权力和关系来推动实业的发展。在当时内忧外困的窘境下，他灵活利用手中资源，采取一些超前做法办大事，引进许多新生事物，使近代工业逐渐深入中国。在此过程中，盛宣怀创造了11项"中国第一"：1872年，盛宣怀建议李鸿章用建造商船来提供建造兵舰的费用，被李采纳，李委任盛办理中国第一家轮船航运企业——轮船招商局，这是中国近代史上影响最深远的公司之一。1873年，轮船招商局正式营业，盛宣怀担任会办，从此他开始正式成为清末洋务运动的核心人物。1880年创办中国第一家电信企业——天津电报总局，这是中国近代电信业的开端。1886年，盛宣怀创办中国第一个山东内河小火轮公司。1894年，开办华盛纺织总厂，又以官督商办及官商合办名义，控制大纯、裕春、裕晋诸多纱厂。19世纪90年代后期建成中国第一条铁路干线——京汉铁路。1896年组建中国第一家规模宏大的钢铁煤联合企业——汉冶萍煤铁厂矿公司，这是当时远东第一大矿业公司。1897年，盛宣怀在上海外滩开办了中国通商银行，这是中国第一家银行……

盛宣怀办实业的出发点是"力保华民生计起见，倘有可以收回利权者，无论何事必须设法筹办，方于国计民生两有裨益"。正是在这样一个前提下，他提出了一个举办近代企业的方针，即"权自我操，利不外溢，循序而进，克期成功"。他在"轮船章程"序言中写道："火轮船为中国必不能废之物，与其听中国之利权全让外人，不如藩篱自固。"他到湖北办矿务，也是"欲开中国之风气，以收外洋之利权"。他经营电报事业，含力争主权的思想，"凡欲保我全权，只争先人一着，是非先自设电线，无以遏其机而杜其渐"。

（二）经商才华出众

在盛宣怀亦官亦商的身份中，商是主要的，官只是虚职罢了。他把主要精力都放在办企业上，多数获得成功。例如，接办汉阳铁厂解决铁轨销路，同时经办卢汉铁路公司，路矿相济出奇招；又如，中国通商银行才成立一年就设十多处分支机构，刚开始几年每6个月就给股商分发40万两利息，上缴户部10万两利润；再如，将汉阳铁厂、大冶铁矿、萍乡煤矿联营组成"汉冶萍煤铁厂矿公司"，优势互补，出奇制胜。他出众的经商才能从打败胡雪岩事件中，也可以窥一斑而知全豹。

胡雪岩每年囤积生丝垄断市场，盛宣怀通过电报掌握胡的生丝买卖，大量收购，再向胡雪岩的客户群大量出售，同时，收买各方不去买胡的生丝，致使胡的生丝库存太大，资金紧张。胡雪岩曾两次代表清政府以私人的名义向汇丰银行借银合计1000万两。这两笔贷款，都以各省协饷作为担保。这时，胡雪岩历年帮朝廷为左宗棠行仗打仗所借的80万两款已到期，外国银行只管找签合同的胡雪岩要钱。这笔借款每年由协饷补偿给胡雪岩，照理说每年的协饷一到，上海道台就得把钱送给胡雪岩还款。盛宣怀找上海道台邵友濂说："李中堂想让你迟一点划拨这笔钱，时间是二十天。"邵友濂自然照办。盛宣怀事先串通外国银行向胡雪岩催款。这时，左宗棠远在北京军机处，来不及帮忙。胡雪岩只好将他在阜康银行的钱调出80万两银子先补上窟窿。盛宣怀通过内线，对胡雪岩的调款了如指掌，趁银子调出，阜康银行空虚之际，托人到银行提款挤兑。胡雪岩让总管高达去催邵友濂下发协饷，邵友濂却叫下人称自己不在家；胡雪岩急向左宗棠发电报，盛宣怀暗中叫人扣下电报；第二天，胡雪岩见左宗棠没有回音，亲自去上海道台府上催讨协饷，邵友濂避而不见；胡雪岩只好把他的地契和房产押出去，同时廉价卖掉积存的生丝，希望挺过挤兑风潮。不想风潮愈演愈烈，阜康银行倒闭。盛宣怀招招击中要害，胡雪岩的财富大厦顷刻坍塌，一代红顶巨商在悲愤中死去。

盛宣怀在事业如日中天之时，就备受争议，有人说其办银行等只是为谋取私利，盛宣怀愤慨地驳斥：宣怀半生心血不过想就商务开拓渐及自强，做一个顶天立地之人，使各国知中原尚有人物而已。他凭自己出众的经商才华，创办经营许多开时代先河的事业，涉及轮船、电报、铁路、钢铁、银行、纺织、教育诸多领域。在洋务派掌握的轮、电、煤、纺四大企业中，盛宣怀直接管理的有三大企业；在出任邮传部右侍郎时，该部主管的铁路、电报、航运、邮政事务中，前三项皆为盛宣怀创办，影响巨大，中外著名，垂及后世。

（三）思想付诸行动

盛宣怀不属于思想的巨人、行动的矮子，他的前瞻性思想都能付诸行动，在中国近代做成一系列开拓性的事业。在经营方式方面，盛宣怀提倡"官督商办"，因为这种方式较容易被官和商两方面所认可和采纳。在盛宣怀看来，"商受其利而官操其权，实为颠扑不破之道"。在经营电报时，他指出："此等有益富强之举，创始不易，持久尤难。倘非官为维持，无以创始；若非商为经营，无以持久。"尽管"官督商办"的经营方式并非无懈可击，但在当时具有一定的进步意义。在以"官本位"为特征的中国封建社会，筹办近代企业这个新生事物如没有"官"的提倡与支持，可以说是举步维艰。难能可贵的是,盛宣怀在倡导"官督商办"之时,把"顾商情"放在重要位置上。办电报局时,他提出:"其本则尤在厚利商民,力图久计。"同时,盛宣怀还提出了商人与国家利益一致性的论断:"商人之利,亦国家之益也。"办企业,盛宣怀强调培养人才,他说:"实业与人才相表里,非此不足以致富强。"盛宣怀意识到人才培养的紧迫性,他主张"得人尤为办事之先务",举办现代企业必须依靠新式科技人才,而这些人才的来源又必须依靠自己的培养,聘用外国技术人员只能是短期应急,而非长久之计。甲午战争后,盛宣怀认为国家欲图自强,筹设学堂、培育人才是关键。他在给朝廷的奏折中说:"自强首在储才,储才必先兴学""西国人才之盛皆出于学堂。①"

盛宣怀主张培养新式人才是富国强兵之根本,培养人才要遵循人才成长规律,办学应该从高起点入手。1895 年,在盛宣怀的努力下,光绪帝御笔钦准,成立天津北洋西学学堂。天津北洋西学学堂后更名为北洋大学,此为中国近代史上的第一所官办大学,也是天津大学的前身。北洋大学创建后,盛宣怀不断完善"中学为体,西学为用"的办学方针,形成了"西学体用"的思想理念。首先,他采用专家办学模式,聘请美国教育家丁家立具体掌管设在天津的大学堂,并聘请了一批外籍教员。盛宣怀在"经世致用"的思想下敢于冲破封建顽固派的藩篱,引进西方先进的科学技术和教育制度,对传统教育进行改造:一是变革传统教学内容,增加西学课程比例;二是采用新的教学组织形式和考核制度;三是采用新的管理模式。1896 年,盛宣怀在上海创办南洋公学,这是上海交通大学、西安交通大学、台湾交通大学的前身。1909 年,在南洋公学首开航政科,后发展为独立的吴淞商船学院,这是大连海事大学、上海海事大学的前身。盛宣怀还创设了南洋公学附设译书院、电报学堂等。为适应清政府经济特科的选拔,他精心开办了"特班",专门培养政府官吏,如为发展铁路事业开办了"铁路班"。

盛宣怀认为"师范、小学尤为学堂一事务中之先务"。1895 年,北洋大学堂二等学堂(相当于大学附中)开学,是全国最早的公立中学,学制四年。1897 年,他在南洋公学首开师范班,是我国教育史上第一所新式师范学院的开端。同时建立第一所外院(即小学),形成了较为完善的多级学制,为中国

---

① 钱志新. 百年苏商[M]. 南京:江苏人民出版社,2013:8.

第四章 近代苏商 群星璀璨

新式系统学制的建立奠定了基础。[1]

（四）热衷慈善事业

盛宣怀将行业商会等民间力量纳入募款范畴，建立公益慈善与民间力量的桥梁。他还首创"以工代赈"的模式，这个模式的核心理念是"助人自助"，这和当代慈善公益界推崇的观念相吻合。盛宣怀热衷慈善事业，博施济众，上海图书馆保存的近18万件《盛宣怀档案》中，2万多件档案与中国近代社会慈善事业有关。盛宣怀作为慈善家，他在天津创立广仁堂，在上海开创"上海万国红十字会"等慈善机构，是近代中国最著名的赈济家之一。

1871年，畿辅大水，盛宣怀的父亲盛康捐助衣物粮食，由盛宣怀运到天津散发，这是盛宣怀第一次从事福利事业。河北水灾时，盛宣怀与父亲盛康一起参与赈灾工作，曾到江苏、上海等地募钱捐物，收效颇大。1877—1878年，山西、陕西、河南、河北一带旱灾，饿殍满道，死者达1 000万人以上，履霜知冰，灾情严重程度可想而知，可谓触目惊心，被称为"丁丑奇荒"。盛宣怀以候补道的身份帮助李鸿章在天津直隶筹赈局处理赈务，1878年5月，被派往献县主持赈灾。1879年，河北特大旱灾后遗留下众多的孤儿寡母，为了解决其抚养问题，盛宣怀秉承李鸿章的旨意，在天津设立慈善机构"广仁堂"，其创办者和董事多为"南省助赈绅士"，可称南方绅商在北方创设善堂的开山之举。

1904年，日俄战争期间，上海的一些慈善事业活动家仿效西方红十字会的章程和办法，联合中立的英、美、法、德等国在沪的外交人士、企业家，在上海创设"上海万国红十字会"，救助陷于战区的民众。盛宣怀是该组织肩负政府使命的幕后主持人之一，为中国红十字会正式成立发挥了先导作用。1910年，清政府正式任命盛宣怀为第一任中国红十字会会长，并得到了世界各国的承认。

1906年春、夏，安徽、江苏发生特大水灾，受灾人口达730万人。地方官吏漠视灾情，拖延赈灾救济工作，大批灾民流离失所，无家可归，清江、沭阳一带每天饿死几百名灾民。灾区绅民想到盛宣怀历年赈灾活动的影响力和

---

① 钱志新.百年苏商[M].南京：江苏人民出版社，2013：9.

76

号召力,纷纷写信给他,还有派代表到上海请求拜见盛宣怀的,呼吁他出面主持赈济工作。但是,朝廷初次拨给的赈灾款只有 10 万两银子,杯水车薪,远远不够。新任两江总督端方也竭力邀请吕海寰、盛宣怀主持义赈募捐工作。盛宣怀当时在上海和吕海寰一起与德国、意大利等国进行商约谈判,虽然公务繁忙,但他没有袖手旁观,而是刻不待时地承担起义赈重任。由于掌控了上海广仁堂这个民间慈善机构,盛宣怀运作起来驾轻就熟。上海广仁堂成为徐、淮、海水灾的义赈主持机构,刊印灾启、登发广告、寄发募册、派员巡视调查、收取捐银、填开收照、编制账册、散放赈款赈衣、编印征信录,一概义赈事务,全由广仁堂经手办理,起到了组织机构和指挥中心的作用。通过广仁堂募捐所得的义赈款占全部赈灾费用的 30%。去世前,盛宣怀拿出 15 万两银子给学校做教育经费,5 万两捐给上海图书馆。在清政府财力亏空之时,盛宣怀将民间力量引入救灾、义赈代替官赈,不得不说具有历史性的进步。而盛宣怀本人,一生为赈灾捐款一百几十万,折合成现在的价值有上亿元。所以孙中山将"热心公益而经济界又极有信用"的赞誉给了他。他为中国慈善事业做出了不小的贡献。

为官,盛宣怀达到"皇族内阁"成员、邮传部大臣的高位;经商,他一手控制了轮船、电报、铁路、银行、钢铁等企业,成为经济方面十分显赫的人物。亦官亦商的盛宣怀不仅是中国近代民族工业的开拓者与奠基人,也是中国近代工业史和洋务运动史的缩影。人们称他是在"非常之世"做了"非常之事"的"非常之人",应该是惟明克允的持平之论。

二、张謇:状元实业家

张謇(1853—1926),江苏南通人,中国近代实业家、政治家、教育家、书法家。张謇是绅士苏商,作为状元大办实业,张謇是第一个,也是最成功的一个。他前半生勤奋读书求取功名,四十一岁,中了状元,因不满自己当官无助于救国,毅然放弃仕途,投身实业和教育。他推崇重工主义、棉铁主义思想,历经风霜三十多年,硕果累累,成绩斐然,成为历史上众人皆知的"状元实业家",也是近代首个民营大实业家。他的伟大事业为后人景仰,他的光辉成就将彪炳史册。

（一）近代首个民营大实业家

1895 年，湖广总督张之洞奏派张謇举办通海团练，以防御日本海军的侵犯，但清政府签订了《马关条约》，通海团练半途而废，这激起张謇极大的愤怒和忧虑。他认为必须发展民族工业以抵制外国的经济侵略。在张之洞的支持下，1896 年，张謇选定水陆交通方便的唐家闸为厂址，筹办了我国最早的纱厂之一"大生纱厂"，开始了"实业救国"的实践。当时江苏是中国的主要棉产区之一，以"纱花"闻名天下，日商在中国大量采购棉花运回日本，加工成棉纱之后又以高价回售中国市场，因此棉纱业成为洋务派扶持发展的重点产业之一。

起初，张謇主张纯粹地商办纱厂，他计划筹款 60 万两，沪股 40 万两，通股 20 万两，相应设立沪通董事各三人，由通州董事先付款购买土地施工建厂。然而沪董的股款一直未到，工程只好停滞。为了筹款，张謇奔走于南京、湖北、上海、通海各地，心力交瘁。无奈之下，由两江总督刘坤一做主，将之前张之洞用官款购买、搁置在上海码头三年的美国纱机作价 50 万两入股，这样大生纱厂便改为官商合办。为使官商双方的力量均衡，张謇还需要另外招 25 万两"商股"。为了筹资，张謇尝尽辛酸，历尽艰辛。他到上海招股没有收获，没有旅费回南通，无奈卖字三天，赚取旅费。状元经商，如此狼狈不堪！张謇在笔记中写道，那些市侩油滑的小人官吏对他冷嘲热讽，而他听着诽谤之词也不敢辩驳，蒙受侮辱也不能作色。他在日记中写道："若不是经商，我一辈子不会和某些人来往；若不是经商，我一辈子不会说某些我不屑于说的话……"张謇的儿子评价他父亲说："时时刻刻，抱着用世之心和创造事业的大志。他做事，嘴里不说空话，只管做实事，笔下写出来的，也是可以做得到的事。碰到棘手困难的事，只是不声不响，一不求人，二不气馁，终日终夜想应付解决的方法。有时越碰钉子，越提他的勇气，越经困难，越振作他的精神。他的成功，没有一件不是从劳苦困难中得到的。"

1899 年 4 月，大生纱厂建成投产。开车试生产时，运营资金仅有数万两，甚至没有资金购买棉花当原料。向股东告急，无人响应；打算将厂房出租遭到恶意杀价。张謇情急之下以每月 1.2 分的高利向钱庄借贷。走投无路之际，张謇接受商董沈敬夫的建议，破釜沉舟，全面投产，用棉纱的收入来购买棉花,维持运转。幸亏棉纱的行情看好,纱厂的资金不断积累,不但工厂得以正常生产,而且还略有盈余。大生纱厂终于生存下来。因为张謇是状元出身,大生纱厂早期的棉纱产品使用"魁星"商标,下设有"红魁""蓝魁""绿魁""金魁""彩魁"等不同产品线。商标的主要部分是魁星点斗、独占鳌头的形象。投产后的第二、第三年,大生纱厂分别得纯利5万两、10万两;到1908年累计纯利达到190多万两。

张謇的"实业救国"实践从筹办南通大生纱厂开始,陆陆续续兴办了数十个企业。到1921年,整个大生资本集团总资产约2 400万两白银,成为当时中国最大的民族资本企业,海内外公认张謇是中国近代第一个民营大实业家。1916年,张謇被推为中国银行股东联合会会长,1920年被推为中国矿学会及中国工程师学会会长,1922年被推举为交通银行总理。张謇"振兴实业"是为了对抗设在中国的外国资本主义企业。他兴办实业,也是为了"养民"。大生纱厂创办所在地唐家闸本是农村,但1919年,唐闸已成为全世界知名的工业区。一个日本人这样描述唐家闸:"眺望掩映在几个烟囱之间的直冲云霄的大生纱厂的时钟台时,我们仿佛现在才为宏伟的四周的光景而感到震惊。沿河的一条街,车水马龙,络绎不绝,人来人往,摩肩接踵,异常热闹。河边停泊着数百艘民船,装着货物。所见这般光景,一切的一切都是活动着的,又是现代化的。唐家闸约五千人口,全靠这些现代化的工厂提供衣食。即使说这些都是通过张謇表现出来也是无妨的。工厂中最壮观的是大生纱厂、复新面粉厂和广生油厂这三个工厂。"这篇记录一方面对唐闸的市民生活做了描述,另一方面也对张謇的作用做了肯定评价。

 情境案例

了解创办大生纱厂的艰辛

××经济管理学院2019级工商管理专业的学生郝××,暑假到南通××有限公司实习,公司营销部经理带他一起去拜访一位客户。一路上,经理很健谈,天南地北,海阔天空。不一会儿,经理聊到创业,感叹创业不易,继而聊到近代的张謇,突然问他:"你知道我们南通近代的张謇创办大生

纱厂有多艰辛吗？说说吧！"

郝××同学只顾赞叹经理的滔滔不绝，没想到经理会反过来问他，一时手足无措，思考片刻，说："张謇决定办大生纱厂，起初是想商办，但款凑不齐，工程停滞。无奈之下，只好官商合办。为了筹资，张謇尝尽辛酸，据说他到上海招股没有收获，没有路费回来，卖了三天字，才赚到路费回来。张謇的儿子评价他父亲，没有一件事，不是从劳苦困难中得到。大生纱厂建成试生产时，没有资金购买棉花。向股东告急，无人响应；打算将厂房出租，遭到恶意杀价。张謇情急之下借了高利贷。走投无路时，接受别人的建议，全面投产，用棉纱的收入来购买棉花，维持运转。幸亏棉纱的行情看好，大生纱厂终于生存下来。"

案例评价：

郝××同学对经理的发问，虽然一开始忐忑不安，诚惶诚恐，但他很快就恢复了平静，不能说他泰然处之，从容不迫，但他能够这么迅速地组织材料，能够把张謇很复杂的创办过程简单化，足见其概括能力很强。并且从他的回答内容来看，思路清楚，层次分明：一是因资金不足，商办改官商合办；二是筹资困难，尝尽辛酸；三是冒风险提心吊胆地维持运转。还有卖字赚路费、借高利贷等都紧紧围绕办厂的"艰辛"，可谓回答问题时做到了中心突出。

（二）现代企业与制度的探索

晚清时期公司制度作为"西政"之一从国外传入，与中国传统的独资、合伙等经营形式比较，是制度创新，具有较大的制度优势。张謇作为开路先锋，又有超前意识，领先尝试了公司制度。大生纱厂从零起步，不断发展壮大，不到 30 年时间，成为当时国内最大的民营资本集团。这背后是其独到的经营之道，尤其是他对现代企业与制度的率先探索。大生企业实行股份制，建立独特的治理结构，坚守信用，树立品牌，这些都促进大生企业一步步走向成功。

首先，因地制宜的睿智谋划。大生的因地制宜体现在：充分利用南通的区位优势和本地的有利条件；合理调配各种资源；采取相应的措施，开办合适的企业。具体来说：一是充分利用现有资源。张謇创办大生纱厂没把工

苏商与苏商文化

厂建在上海而建在南通,体现了他的远见卓识。南通有着得天独厚的自然条件,是全国有名的优质产棉胜地。南通不但产棉,原料价廉而有保证,而且是传统纺织之乡,产品棉纱可供当地农村织布;工人亦工亦农,工资成本比上海低 20%～30%。大生企业集团的主干企业大生纱厂就是利用南通地区的植棉优势和该地区农家普遍纺织土布的有利条件创办起来的。二是工厂选址因地制宜。厂址选在唐家闸,其交通便利,与长江和天生港都有水路相通,向北有水路通往苏北,地价也便宜。三是大力挖掘潜在资源。为了使大生纱厂能够有稳固的原棉产地,张謇利用江苏沿海沙滩辽阔的优势,大兴垦殖业,不仅为纱厂建立了稳固的原料来源,还为纱厂提供了高质量的原棉。当时其他地方的纱厂在这方面就稍逊一筹,如新中国成立前的上海纱厂有 99% 是用的美国棉花,缺乏独立性。兴垦是一个投资多、见效慢、费时长的工程,张謇投入了大量资金,在开垦 10 年后才开始有利润,为大生的几个纱厂提供了大量的原棉。四是有效整合各种资源。例如,大生纱厂注意将各种资源进行再利用,利用本地优势陆续建立了产棉、纺纱、卖纱的一整套循环工业体系。

其次,建立了完整的产业链。为了纱厂更好地发展,张謇采用前向一体化、后向一体化的模式,将企业向纱厂的上下游扩展,打造了一整条围绕制纱的产业链。除连锁纱厂外,他还兴办了面粉厂、榨油厂、碾米厂、铸造厂、发电厂、造纸厂、轮船公司、房地产公司、公共汽车公司、玻璃公司、图书公司和渔业公司等。企业的发展离不开银行。1919 年,张謇的长子张孝若从美国学成归来,张謇令其筹建淮海实业银行,并在上海、南京、汉口、苏州等地设立分行。完善的产业链,一方面,可以降低成本,利用现有资源和原料,并进行资源循环利用,变废为宝,减少污染;另一方面,减轻企业对外的依赖性,使企业更加从容地应对自然灾害,且受时局影响也相对小,特别是在那个动荡的年代,这一点显得尤为重要。①

再次,创新了企业管理制度。公司制度是一种高级企业制度,公司制度的建设是一项复合型的系统工程。大生在这方面下了大功夫。比如其靠股份公司制兴办"大农、大工、大商",克服了传统独资企业及合伙企业规模小、

① 钱志新. 百年苏商[M]. 南京:江苏人民出版社,2013:14.

风险集中的缺陷,给经济发展注入了强大活力。但在中国 19 世纪末股份制处于起步阶段,张謇历经"千磨百折,首尾五载,忍侮负饥",多方集资,终于办起了大生纱厂。"绅领商办"的筹股和经营模式是张謇股份制思想的早期实践,也是张謇独创的一种股份制企业模式,官方只取官利,不参与工厂的经营管理。张謇的高明之处在于没有生搬硬套洋人的体制,而是实行符合国情的"绅领商办"模式,这种模式确立了张謇在企业集团中的绝对领导权,把官资和民资有机地融合在一起。在当时民族资本实力薄弱独自发展有困难的情况下,采用这种模式是一种历史的选择。

张謇结合中国传统的管理手段,并仿效西方股份制管理模式,摸索出一条适合当时中国社会环境和经济体制的管理机制。其特点:一是管理科学化。所有权和经营权分离,建立董事会作为决策机构,设立总理,负责企业的经营管理。严密、权威的管理架构,使工厂时刻受到董事会的监督。二是管理制度化。大生创业初始,张謇亲自制定《厂约》,对自己和几个董事做了分工,职责明确;《厂约》细化到对招待客人备几个小菜都有明确规定,不得超过标准;除《厂约》之外还有 25 个章程,规矩多达 195 条,奖惩措施、利润分配都有具体规定。管理制度的约束、管理章程的指导,成为企业稳步发展的一条重要经验。三是管理民主化。鼓励部门主管倾听下属意见,调动员工的积极性;同时加强督查,有专门的检查人员负责检查每日的生产情况,设立查账制度。[①] 大生企业的职员,不仅领取固定的薪水,还按照企业章程所定的"花红"参与企业利润分配。张謇对于勤于职守的员工关怀有加。工厂中的工人、办事员,学校里的教员,凡身故必有抚恤,或对其后人有某种优厚的待遇。任事一定年限,或因为年老退职,必定享受递加俸金或退休金。

(三) 父教育而母实业的实践

清末民初,关于要精英教育还是普及教育,争论不休。张謇是推动教育普及的践行者。他将培养人才、开办学堂作为发展工商业的前提条件。他以"父教育、母实业"为理念,用实业支持教育的发展,大胆变革教育方针。在他的努力下,南通开始教育普及,成为中国最有活力的教育区域,有力地支撑起名副其实的"中国近代第一城"。美国教育家杜威来到南通,就盛赞

---

① 钱志新. 百年苏商[M]. 南京:江苏人民出版社,2013:15.

南通教育:"南通者,教育之源泉,吾尤望其成为世界教育之中心也。"张謇认为"夫立国由于人才,人才出于立学"。在发展实业取得一定成就的基础上,他大力创办教育事业,并提出著名的"实业救国、教育救国""父教育而母实业"的思想。

首先致力于师范教育。1902年,张謇应两江总督刘坤一电邀赴江宁讨论兴学之事,刘坤一赞成,而藩司、巡道、盐道阻挠。张謇叹息不已,乃与罗叔韫、汤寿潜等人筹划在通州自立师范。1898年,张謇把从办通州纱厂五年以来应得未支的公费连本带息2万元,另加劝集资助,作为筹建经费。通州师范择定南通城东南千佛寺为校址开工建设,翌年正式开学,这是中国第一所师范学校,它的建设标志着中国专设师范教育机关的开端。1905年,张謇与马相伯在吴淞创办了复旦公学(复旦大学的前身);1907年张謇创办了农业学校和女子师范学校;1909年,张謇倡建通海五属公立中学(即今南通中学),并创办邮传部上海高等实业学堂船政科,因地处吴淞,曾一度称"吴淞商船专科学校"(上海海事大学前身);1912年,张謇在老西门创办江苏省立水产学校(1913年改称"吴淞水产专科学校",今上海海洋大学的前身);同年张謇还创办了医学专门学校和纺织专门学校、河海工程专门学校(河海大学前身),并陆续兴办了一批小学和中学。1917年,在张謇的支持下,同济医工学堂(同济大学的前身)在吴淞复校。1920年,国立东南大学成立,张謇是主要创建人之一。

张謇还非常重视职业教育。师范学校的测绘、蚕桑等学科发展为十几所职业学校,其中以纺织、农业、医学三校的成绩最显著,以后各自扩充为专科学校,1924年合并为南通大学。张謇还创办了中国第一所特殊教育学校——聋哑学校。在通州,张謇先后创办小学335所,通州师范、女子师范、通海五属公立中学(今南通中学)等中等学校21所,职业学校20多所,高校(包括农科、医科、纺科)3所等。他建立了较为完整的教育体系:从纵向上说,有学前教育、初等教育、中等教育、高等教育;从横向上讲,有普通教育、职业教育、特殊教育、社会教育等,充分展现了张謇"实业与教育迭相为用"的"大教育"思想。[①] 除去实业、教育,张謇的救国、兴国之举还包括开交通、

① 钱志新.百年苏商[M].南京:江苏人民出版社,2013:16.

造公园、兴水利、做慈善等。1905年，张謇建立了国内第一所博物馆——南通博物苑。1915年，建立了军山气象台。他创办了图书馆1家、港口1个、慈善机构16家。为转变社会风俗和繁荣地方戏剧，1919年他邀请著名的导演兼剧作家欧阳予倩在南通办起一所培养戏剧人才的学校——伶工学社，并且建造了一座更俗剧场，实行文明看戏规则。张謇一生所参与的企事业数量高达180余家，囊括工业、垦牧、交通运输、金融商贸、商会民团、文化教育和公益事业。当时中国前途茫茫，"江昏不得月，暑盛独繁星"，张謇却在南通建成了相当完备的经济、文化、交通水利、医疗和慈善体系，创造了大量的就业机会。

张謇积累的财富大多用于教育和地方建设，经商20多年，用在公共事业上的工资、分红可计150多万两白银，加上和他一起办企业的哥哥所捐，总数超过300万两。张謇说："一个人办一县事，要有一省的眼光；办一省事，要有一国之眼光；办一国事，要有世界的眼光。"他事业的规模与这种理念息息相关。1922年，在北京、上海报纸举办的成功人物民意测验中，投票选举"最景仰之人物"，张謇名列第一。这一年他走向人生灿烂辉煌的顶峰。到1922年年底，柳暗花落，寒气逼人，棉纺织业危机，棉贵纱贱，从未亏损过的大生一厂亏损39万多两，二厂亏损31万多两，政府没有为他提供有价值的帮助。同样，日本在19世纪20年代初也发生了经济恐慌，日本政府采取了大规模的紧急救济措施，日本的大型企业等很快摆脱了困境。张謇求助无门，借贷不成，事业无可挽回地走向衰落，3年后，大生宣布破产。1926年，张謇因病逝世，各处唁电如雪片飞来，多地不约而同地开会追悼。胡适这样评价他：在近代中国史上张謇是一个很伟大的失败的英雄，这是谁都不能否认的。他独立开辟了无数新路，做了30年的开路先锋，养活了几万人，造福于一方，而影响及于全国。终于因为他开辟的路子太多，担负的事业过于伟大，他不能不抱着许多未完的志愿而死。毛泽东说："谈到中国民族工业，不要忘记张謇。"张謇的探索与实践之路中断了，但他发愤图强，逆流而上创造的无数条荆棘下的小路，历经百年的水咽风啸，雨吼霜降，依然显露出来，密密麻麻连成泛绿飘红的新路网，到今天还能供人上下求索而前行！

苏商与苏商文化

84

三、荣氏兄弟：民族资本家的首户

被誉为"太湖明珠"的无锡，紧邻上海，北倚长江，东接苏州，自古就是"鱼米之乡"，素有"小上海"之称。近代在这里诞生了赫赫有名的荣氏兄弟，即荣德生（1875—1952）、荣宗敬（1873—1938）两兄弟。他们于清末白手起家，实业救国，成为近代苏商的风云人物。毛泽东这样评价荣氏家族："荣家是中国民族资本家的首户，中国在世界上真正称得上是财团的，就只有他们一家。"

（一）面粉大王，南州冠冕

江苏无锡人荣宗敬、荣德生兄弟，自少聪慧，家境贫寒，只读几年私塾就去上海进钱庄当学徒。甲午战争使许多钱庄损失巨大而倒闭，荣氏兄弟和父亲荣熙泰都因钱庄倒闭而失业了。三人商议利用在金融业的经验自办一个钱庄。1896年，父子三人集资3 000两银子，自备1 500两，在上海办起广生钱庄，3个月后在无锡设分庄。半年未到，荣熙泰病故。第二年，广生钱庄的几位合伙人唯恐金融风波赔去本钱，慌忙抽回股本。荣氏兄弟只得独资接办广生钱庄。他们利用洋厘行市的涨落获得盈利，开始利用钱庄资金经营收蚕业务，两年后盈利将近万两白银，全部用于再投资。

当时，外国进口物资以面粉最为大宗，即便战乱也不影响销路，而中国境内的面粉厂只有4家，且经营免税。兄弟俩觉得面粉行业是一个可以投资的行业，便选择最佳组合：托瑞生洋行代买4台法国石磨，配上英国机器，采用60匹马力引擎。荣氏兄弟的姑父朱仲甫早年在广东担任税务官，由他帮助集资3.9万元，并由他出面向两江总督府申报，同时申请10年专利权。1901年，荣氏的保兴面粉厂在无锡西门外的太保墩破土动工，此处三面环水，原料和成品可以从水路直接运进运出。起始，因为江南主食大米，面粉在江浙的销售不理想，后来找人在北方专门负责销售，终于打开销路。

两年后，当初的发起人之一朱仲甫抽出股金，于是，荣氏兄弟追加自己的股金，接受怡和洋行买办祝兰舫的部分新股，企业资本扩大了。为了表示这是一个新的开端，他们将厂名改为茂新面粉厂。1904年年初，日俄战争爆发,俄国人在东北开设的面粉厂纷纷停产,而交战的日、俄两国以及东北各地对面粉的需求量直线上升,面粉的价格不断上涨。荣氏兄弟以最快的方式,不惜借款分期付款,订购了6部英国钢磨。1905年,新厂投产出粉,不但日产量由300包增加到800包,面粉质量也明显提高,当年利润高达6.6万两白银。这是荣氏兄弟自开设广生钱庄以来获利最多的一年,让荣氏兄弟第一次体会到了规模化经营的妙处。

为了迅速达到规模,荣氏兄弟不惜高额借款。荣宗敬甚至说,如果我不再借钱,那便是我真正有问题了。在此后很多年中,荣氏兄弟采取少发股息、不分红利的办法,把利润尽可能多地用于再投资。随着第一次世界大战的爆发,欧洲工业停滞,面粉军需暴增。中国面粉以价格低廉、产量可观而一跃成为全球新出现的采购市场,荣家的"兵船"牌面粉远销到欧洲和南洋各国,因质量稳定,它成了中国面粉的"标准面"。在经历了第一次世界大战给中国民族资本带来的黄金时代后,1921年荣家的工厂从1家增加到12家,产量占中国面粉厂产能的31.4%。荣氏兄弟被誉为"面粉大王"。[①]

(二)棉纱大王,借船出海

创业之初,荣氏兄弟多采取参股、搭股的方式投资,随后根据实际逐步收买股份;有了一定的实力后,他们就充分利用金融工具,"借船出海"。其实在兴办茂新面粉厂引进设备时,荣氏兄弟就已经尝到"借船出海"的甜头了,只要装机顺利,便能在投产后以盈利来偿还机器价钱。而在振新纱厂的创办过程中更能看出荣氏兄弟这种"借船出海"的发展思路。

荣氏兄弟的茂新面粉生意如日方升,红红火火,广生钱庄也左右逢源,蒸蒸日上。兄弟俩反复调研比较,决定进军棉纺织领域。1905年的七夕节,茂新面粉厂的一名股东荣瑞馨,请荣氏兄弟等朋友吃素斋。谈笑间,荣宗敬引出了棉纺织业的话头,荣德生一边附和,一边从口袋里拿出一份手折:"我们想要在无锡开办一家纱厂,这是草拟的章程,诸位看后若有兴趣,可共商大计。"众人欢呼:"这顿饭真是没白吃。"在座七人意见一致,各出银3万两,其余对外招股。一顿饭"吃"出一家新兴纺织工厂。[②] 1907年,由七人参股

① 钱志新. 百年苏商[M]. 南京:江苏人民出版社,2013:20.
② 汤可可,王粤海. 话说苏商[M]. 北京:中华工商联合出版社,2011:72.

的振新纱厂正式投产。开始时荣氏兄弟未担任实职，但因亏损，1909 年，振新厂改组，荣氏兄弟分任董事长和经理。荣德生就职后，立即对生产经营各环节逐一清理。几个月之后，经营大有起色。但在这时，上海发生"橡皮股票风潮"，一批钱庄受牵连接踵倒闭。大股东荣瑞馨因投机失利，亏欠巨款，私自将工厂的地契押入汇丰银行，以救燃眉之急，不料到期无力赎回，汇丰银行要求将振新厂查封抵偿，与振新有往来的钱庄闻讯后，纷纷到工厂索讨欠款。荣氏兄弟只得用棉花栈单向钱庄抵押借款，以厂房设备向市公所和商会担保，允许动用棉花投入生产，还由工厂自印工资票发放工资，指定商店在一定期限内收用，过后结算，才得以调转资金，渡过难关。

荣氏兄弟认为，振新纱厂要快速发展，就要添机扩充，这样才能降低生产成本，提高产品的产量和质量，但一时筹集不起改造资金。1913 年，德商霭益奇厂到上海推销单机独用小马达的新型纺机，荣氏兄弟抓住机遇，立即与其签订购机合同，以分期付款方式订购细纱机 1.8 万锭。全部价款 30 余万元先付一成，其余部分每三个月付一成，两年多付清。结果通过茂新面粉厂盈利垫款，振新厂自办材料，扩建厂房，安装新机，调整生产流程，仅投资 6 万元，用 7 个月时间，就完成了添机扩充，整个工厂面貌焕然一新。使用当时国内最先进的电力纺机，每昼夜可出纱 70 多件，获利 600 元。[①] 这是荣氏兄弟"借船出海"的又一次成功运作。

荣德生的《乐农自订行年纪事》中记载了这样一段往事：荣德生在火车上遇到无锡籍企业家祝大椿，祝问："外面传说振新添机，有这事吗？"荣答："已安装完成。"祝问："厂房在哪里啊？"荣答："新建钢筋水泥厂房，全新式样。动力用电机，自发动，独只马达。"祝问："一共花多少钱？"荣答："约 50 万。"祝说："相当便宜。没有听说招股，哪来的资本啊？"荣答："钱都是欠来的。"一向不服人的祝大椿喟然长叹："我一直有这份心思，但没有办到，现在倒是你先办到了。"第二天，他就带了英商怡和纱厂工程师、纺织专家开福到厂参观，开福一一看过，赞叹不已，说："这样的电力纺机，日本、中国还是初创。"荣氏兄弟并不满足于此，四处调查考察，准备进一步扩大工厂规模。

1914 年，荣德生在郑州看中一块空地，但到董事会讨论时，遭到否决。

① 汤可可，王粤海. 话说苏商［M］. 北京：中华工商联合出版社，2011：74.

荣德生提出拟在上海、南京、郑州等地建振新分厂，董事们听了大惊，说："照这样，即使工厂赚钱，股东们也永远分不到现金。"荣德生坚持："要赚大钱就要大量生产，就要扩大投资。"此后，振新股东意见不合，内部权力之争激化。部分股东因无现金分红而不满，派出查账员到厂查账。董事会又提出要将荣德生降职为副经理。无奈之下，荣氏兄弟提出辞职，并退出股份。这一场风波，促使荣氏兄弟下定决心转战上海，投资创办"申新"系列纺织企业，迈出了新的创业步子，从而继"面粉大王"之后，他们又摘取了中国"棉纱大王"的桂冠。①

1937年，日本发动侵华战争，荣氏企业遭到空前的浩劫，其中如申新八厂、茂新一厂在战火中化为一片废墟。8年抗战中，约有1/3的纱锭、一半以上的布机及1/5的粉磨，均被破坏毁损，幸存下来的机器和设备，也大都被敌人"军管"劫夺。留居上海的荣宗敬目睹一手创办的事业毁于一旦，精神上受到严重创伤，1938年2月，荣宗敬郁积成疾，撒手离世。

分析荣氏如何借船出海

××大学金融专业的学生徐××到无锡××公司实习，刚好公司经理明天要去参加一个座谈会，会上要讨论上一个新项目，估计有人会反对，经理是赞成上新项目的，所以得说服那些不愿意的人，让他们心悦诚服。经理对徐××同学说："明天座谈会发言要用到近代荣氏兄弟'借船出海'，成功运作的商例，你搜集整理一些这方面的材料，马上给我。"

以下是徐××同学交给经理的参考材料。

荣氏兄弟充分利用金融工具，"借船出海"。兴办茂新面粉厂时，他们先引进设备，争取顺利装机，然后以投产盈利来偿还机器价钱。荣氏兄弟就这样尝到了"借船出海"的甜头。

振新纱厂的创办过程，更能看出荣氏兄弟这种"借船出海"的发展思路。

---

① 汤可可，王粤海. 话说苏商[M]. 北京：中华工商联合出版社，2011：74-75.

荣氏兄弟认为,振新纱厂要快速发展,就要添机扩充,只有这样才能降低生产成本,提高产品的产量和质量,但一时筹集不到改造资金。1913年,德商霭益奇厂到上海推销单机独用小马达的新型纺机,荣氏兄弟抓住机遇,立即与其签订购机合同,以分期付款方式订购细纱机1.8万锭。全部价款30余万元,先付一成,其余部分每三个月付一成,两年多付清。结果通过茂新面粉厂盈利垫款,振新纱厂自办材料,扩建厂房,安装新机,调整生产流程,仅投资6万元,用7个月时间,就完成了添机扩充,整个工厂面貌焕然一新。使用当时国内最先进的电力纺机,每昼夜可出纱70多件,获利600元。这是荣氏兄弟"借船出海"的又一次成功运作。

案例评价:

应该说,徐××同学整理的材料符合经理的要求。无锡人用近代无锡商人成功的商例,有亲切感。不过,分期付款在如今已经很普遍了,徐××同学可以增加一两个当代较新的商例,更有说服力。

(三)刚柔相济,新旧融合

1918年,荣氏兄弟开始筹建申新第三纺织厂,转请了勇于任事又颇具先进经营理念的薛明剑出任总管。薛明剑上任后,通过对华商、日商纱厂的比较,提出向外商学习、废除封建工头制、采用全套新方法管理企业的大胆设想。荣氏兄弟举棋不定,便微服私访日商的丰田纱厂,只见组织严密,管理严格,各司其职,井然有序。他们还了解到日本纱厂保留工头制,仅仅只是监管工人,工厂的生产运行和技术管理完全由工程师掌管。反观申新纱厂,也引进了一批现代技术设备和人才,但在管理上还沿用封建工头制,工头对工人的管理较多采用人身限制、打骂体罚、克扣工资等原始方法,致使工人缺乏积极性,劳动效率低。随着生产发展和技术进步,工头制越来越不适应新的生产力。经过考察,荣氏兄弟选择设备较为先进、管理基础较好的无锡申新三厂作为改革突破口。

1924年,荣氏兄弟聘请曾在丰田纱厂做过技术工作的楼秋泉到申新三厂担任粗纱间领班,又招聘曾在日本纱厂实习过的余钟祥,担任申新三厂的"改良指导员",之后还延聘从日本东京高等工业学校留学归国、在上海大中华纱厂任技师的汪孚礼为申新三厂的总工程师。乡土宗亲观念颇重的荣氏兄弟考虑到申新三厂的一些工头很早就参与了荣家的创业，没有功劳也有苦劳，采用了薛明剑提出的折中办法，即把申新三厂的 5 万纱锭分成两部分，2 万锭较为落后、效率较低的美国纱机由新派职员负责，3 万锭较为新式、效率较高的英国纱机仍由工头们负责。短短几个月，采用新制度的美国纱机不仅出纱率超过英国纱机，而且车间面貌焕然一新。

1925 年 2 月，荣德生决定任命新职员，对全厂生产管理进行调整。在新制度下，工头权力被削弱，工人的劳动强度也有所提高，导致了工头和部分工人的不满。4 月 15 日下午，一些工头约集其他纱厂的工头、机工 60 多人，商议决定共同抵制当时无锡各厂都在酝酿的管理体制改革。21 日下午，在工头们的煽动下，有数百人冲入工厂，高呼"杀了这帮假日本鬼子"等口号，副总工程师余钟祥等六人被殴打成重伤。这就是轰动一时的"申三殴人事件"。第二天，当荣德生派出的两名谈判代表带着工头们的意见回来时，只见荣德生正在专心地研读《论语》。两人都很诧异他的镇静和清闲，荣德生却意味深长地说："《论语》曰'中庸之为德也'，凡事'和为贵'。"经过协商，荣德生终于说服大家顾全大局，和衷共济。一方面，调回原总头脑沈阿虎，各车间恢复工头领班；另一方面，技术管理则由技职人员负责。此后，申新系统的改革在迂回曲折中渐次推进。

后来，荣德生的儿子荣一心、女婿唐熊源自美国罗威尔纺织大学学成归国，担任申新三厂的副经理，又重新加快管理体制的改革。直至 1927 年，工厂才最终废除封建工头制。荣家其他企业随后相应推行了管理改革，国内各厂也纷纷仿效。封建工头制的废除，为发展近代工业扫清了阻碍，开创了中国工业管理的新时代。不过，在新的管理制度中，荣氏兄弟还是沿袭援法入儒的思想，注重"恩威并施"。据说有一次工厂招收练习生，荣德生问一位应试者："如果工人不听话该怎么办？"答："就扣工资。"又问："扣了工资还不听话怎么办？"答："就喊警察来。"荣德生听了连连摇头。面对另一位应试者，荣德生问同一个问题。答曰："就好好对他说道理。"又问："如果说了还不听怎么办？"答曰："就耐心地再说一遍，说到听为止。"荣德生听了连连点头。荣氏企业管理制度和相应的罚则相当严厉，一旦违规失职处分很重，但在平时实施中又有一定的宽容度。就这样，荣家企业既引进西方泰罗制的严格管理，又糅合了中国传统儒学"仁爱、德治"的精神，形成自成一体的管理模式。[1]

（四）九转功成，回馈社会

1931 年，荣氏集团拥有 21 个工厂：茂新面粉一至四厂、福新面粉一至八厂和申新纺织一至九厂。1932 年，荣家企业的日产面粉达 10 万包，约占当时除东北地区之外的全国民族面粉工业总产能的 1/3；拥有 52 万余枚纱锭和 5 300 多台布机，分别占全国民族棉纱业设备总数的 1/5 和 1/4 以上。荣氏集团成为近代中国规模最大的民族资本企业集团，可谓九转功成。

上海解放前夕，对国民党彻底失望的荣德生全力阻止迁厂逃资，使企业的绝大部分机器设备得到了完好的保存，为新中国留下了一大笔宝贵的社会财富。新中国成立后，荣德生被推选为中国人民政治协商会议第一届全国委员会委员、华东军政委员会委员和苏南人民行政公署副主任。他辞世后不久，全国的荣氏企业先后申请公私合营，迈入了全新的历史发展时期。

荣氏兄弟功成名就，不忘回馈社会。荣家不仅在实业方面贡献卓著，在慈善方面亦十分热心。荣德生告诉家人，在江南水乡，修桥比铺路更重要，没有桥，村民出门寸步难行。2001 年，有关部门对荣氏家族所造之桥进行普查，发现登记在册的有 102 座，至今仍在使用的有 40 多座。据《无锡市志》载："民国 17 年起，荣德生、陆培之、薛南溟、祝兰舫等组成'千桥会'（后称'百桥公司'）集资建造大公桥等。至民国 26 年，共建成大小桥梁 88 座，因日军侵占无锡而中止。"荣家兄弟不仅在无锡造桥，还将这一善举扩散到常州、丹阳和宜兴一带。当时无锡有句俏皮话"造桥荣老板报销"。荣氏家族热心办学也是举国闻名——荣德生感叹自己"仆少而服贾，志学未能，廿年来世味饱尝，更抱不读十年之恨"。1906 年，荣氏兄弟把前两年办起的家族私塾扩建成公益小学，建设新校舍，让附近孩子都能上学。随着实业的发展，荣氏家族的办学规模也越来越大，到 1915 年，共建设公益小学 4 所，竞业女子小学 3 所。荣氏兄弟提倡女子拥有受教育的平等权，特别热衷办女校。荣家母亲对两兄弟说过，女子也要读书，享受与男子一样的教育权。荣氏家族还办过无锡第一所现代化的技校。1919 年，荣氏家族资助设立公益中学，此学校建立的初衷是为工厂培养大批合格的专业人才。学校分工业

---

① 汤可可，王粤海. 话说苏商[M]. 北京：中华工商联合出版社，2011：79 - 80.

和商业两个专业，一年预科，三年本科，前后办了 10 年，一共培养了 200 多名技术人才。1947 年，荣氏家族出资兴办高等教育，设立江南大学，令教育界侧目。因为荣氏兄弟常告诫子侄后辈"实业救国，回馈社会"，所以荣氏兄弟的后人有不少成就突出者，遍布海内外，在政界，如已故"红色资本家"、前国家副主席荣毅仁，商界如荣毅仁之子荣智健。[①]

荣氏兄弟，被几辈人记忆，足够圆满。唤起万众敬意的不会是他们的巨额财富，让人钦佩的是他们一生的为人之道、立身之本。他们虽未像孙中山、黄兴那样呼啸而起，却同样艰难顿挫，为谋取国富民强把一生献给了中国的民族工业。他们以儒入商，以商弘儒，以德为生，风范长存，堪称儒商榜样。荣氏的国民精神和大师级的经营策略，不仅为国人称道，也惊动海外，被西方媒体誉为"中国实业界的拿破仑"。

四、刘国钧：纺织巨子

刘国钧（1887—1978），一个没有后台、没有背景、没有祖传遗产的穷人，凭着自己的刚强勇毅、坚忍不拔、拼搏奋斗而取得了成功。尽管刘国钧早已于 1978 年去世，但在江苏省常州市以及靖江市，他的名字到处铭刻。靖江刘国钧中学、常州刘国钧高等职业技术学校，均以他的名字命名；常州信息职业技术学院里有他的全身雕像；常州大学专门设立了刘国钧管理学院……他是举世公认的"纺织大王"，他是矢志不渝的爱国实业家，他是悲喜交织的追梦人。刘国钧先生是个传奇人物，其人生有三大转折：一是弃农从商，28 岁即成为当地首富。二是弃商从工，创建了影响深远的大成企业，成为中国近代的"纺织巨子"。三是弃工从政，1956 年，当选为江苏省副省长；1960 年，当选为中华全国工商业联合会副主任委员；1977 年，当选为江苏省政协副主席。

（一）吃得苦中苦

在 1887 年的那个花红柳绿的春天，刘国钧出生在江苏靖江县祠堂镇的一个读书人家。小时候，家里非常贫穷，他的父亲是一个穷秀才，因一直考不上举人，只好在家乡当私塾先生，收入微薄，家人常常是吃了上顿没下顿，

---

① 钱志新. 百年苏商[M]. 南京：江苏人民出版社，2013：23-24.

苏商与苏商文化

最终因受不了生活的重重压力而精神失常，一家人的生计全凭他的母亲替人缝补浆洗来维持。

穷人的孩子早当家，因为贫困潦倒，刘国钧在 7 岁时就已经学会了做生意，经常在街上卖水果、酒酿补贴家用。当时他就坚定一个信念：只要有钱赚，除了为非作歹的不正当工作，我都能干。别人不愿意做的事，他愿意忍受着做下去，别人不能生存的环境，他能忍受着顽强地生存。刘国钧的母亲不忍心让这么幼小的孩子就背负起生活的重担，在邻居的资助下把小国钧送进了私塾。可是一年没读完，小国钧就因为饥饿不得不丢开书本。

14 岁的时候，邻居赵大叔同情他的处境，推荐他到常州奔牛镇上的刘吉升京货店当学徒，并且借 10 银圆给他做路费。临行前，母亲比画着自己的纺织动作送给儿子一个"恒"字，她说："没有恒心，这一团棉花怎能变成一根根纱，一根根纱又怎能变成一匹匹布呢？"从此，聪慧的他记住了母亲的谆谆教诲。后来，刘国钧还亲撰了一副对联自勉："日日行，不怕千里万里；常常做，不怕千事万事。"

刘国钧一心想学好做生意的本领，将来能多挣点钱养活父母，可是这家京货店因为经营不善，第二年就倒闭了。幸亏老板没有忘记勤劳能干的刘国钧，特意将他介绍到元泰京货店去当学徒。刘国钧特别能吃苦，大事、小事，不管再脏再累，他都顶着干。掌柜看在眼里，特别满意，逢人就说自己有眼力。掌柜的一个朋友好奇，还真的跑到后院看了看刘国钧的吃住。见他真的能吃苦，就给他一些货让他去卖，刘国钧干了几天居然挣了 5 银圆。刘国钧不敢乱花这 5 银圆，咬着牙干了 3 年，一共挣了 18 银圆。他回家的时候，把这 18 银圆交给母亲。

这在当时，是多么大的一笔钱呀！他们家从来都没有见过这么多钱，一家人把这 18 银圆传来传去，谁捧在手里谁哭。第二天母亲到街上去，先还了欠了人家多年的 10 银圆，偿了良心账，谢了恩。

（二）赚第一桶金

谁也没有想到，1908 年 11 月，光绪皇帝和慈禧太后的先后驾崩，给刘国钧带来了赚钱的机会。刘国钧在第一时间听到这个消息后，没有过多犹豫，他就用所有的财产买回了大批的白布和白线，让母亲和媳妇连夜加工编织成扎辫子的白须带。果然不出几天,官府出了告示:国丧期间,所有大门一律悬挂白花白布,所有人的辫须,一律改为白色。如此一来,白布白线立刻脱销,其他商家没有原料,只能眼睁睁地看着刘国钧赚钱。等新货到来的时候,国丧已经到了尾声。就在这样一个稍纵即逝的机会里,刘国钧快人一步,净赚 200 银圆。

当时还是清朝,男人也留着一根长辫子。刘国钧注意到,江南人总喜欢用五彩的辫须扎辫子,他灵机一动,便买了丝线回家,让母亲和妻子编织成扎辫子的须带,由他带到奔牛镇去卖。这项生意本小利大,一年下来,刘国钧净赚 200 银圆。与此同时,他替元泰京货店到常州等地进货,批发商们为了拉生意,私下答应按进货金额付给刘国钧一定比例的回扣,一年下来也有 200 银圆。他与朋友们在一起搭了个银会,他中奖又得了 200 银圆。刘国钧就像母鸡孵小鸡一样,硬是一点一滴地积攒起了 600 银圆,掘下了自己的"第一桶金"。

(三) 敢为天下先

之后,刘国钧与人合办了一个和丰京货店,苦干了几年,居然挣到 2 000 银圆。不久,刘国钧的合伙人因为吸毒,再也不愿经营小店,就把自己的股份撤了回来,和丰京货店因此成了刘国钧自己的独资店。

转眼到了 1911 年,辛亥革命爆发了。上海、南京一带炮火连天,常州局势也很不稳定。奔牛镇上人心惶惶,许多店铺关起门不敢再做生意。刘国钧的父母也提心吊胆,问儿子要不要停业。刘国钧仔细盘算着:几年来好不容易挣起的这一点家业,万一毁于炮火,当然很可惜;但眼前的情况,战争毕竟还没有打到奔牛镇,这时候谁敢冒风险,谁就可能赚大钱!

他决心冒一回险。他和家里人将 500 银圆埋在地下作为后路,然后照常开店营业。一时间全镇的生意都集中到了"和丰"一家店里。到了冬天,常州的批发商害怕战乱,也将部分存货寄存到刘国钧的店里。同样因为怕打仗,不少农民纷纷把子女的婚嫁日期提前了,可是到处买不到做嫁妆的衣料,最后都找到刘国钧的店里来。"和丰"的布匹销售一空,刘国钧又去劝说常州的批发商,要他们将存货折价卖给"和丰"。批发商要现钱,买布的农民只有稻子,刘国钧只得以"和丰"店做抵押,先把货弄到手,待卖掉稻子再还钱。

当时秋收刚过,粮贱银贵,一担稻子只能卖到一两半银子,可到了第二年春天,粮价涨到每担三两银子!刘国钧顺利地卖掉了稻子,还掉了货款,还从中赚到了巨大的差价。到年底一算,"和丰"店的净利高达 5 000 银圆!刘国钧又买下了一家倒闭的京货店,改名为同李京货店。到 1914 年,赤手空拳进奔牛镇的刘国钧,已经拥有两家京货店。几年下来,刘国钧便已成为当地屈指可数的"商业大亨"了。这又为他成为日后的"纺织巨子"打下了坚实的基础。

(四)成纺织巨子

第一次世界大战爆发后,刘国钧毅然弃商从工,集资 9 万银圆,组成大纶纺织公司,由蒋盘发担任经理,刘国钧任协理。1916 年,大纶纺织厂开工投产了。由于刘国钧管理有方,大纶纺织厂投产当年就盈利,第二年盈利过万,第三年的发展势头更好,常州一批股东就想排挤掉他这个外乡人。刘国钧愤而辞职,收回自己的 1 万元投资,只将盈利部分留在大纶厂作为股金。朋友们都为刘国钧抱不平,刘国钧却说:"我在大纶厂学到了一套办厂的本领,投资又如数收回,等于一文学费没花,这是我平生最便宜的一笔交易。"

1918 年,精明强干的刘国钧决意独资办厂。他购买了 80 台布机,自己任经理,让母亲管理摇纱,让妻子管理布机兼烧饭,一家人齐上阵,办起了"广益布厂"。虽然设备落后,资本微薄,但他狠抓设备的保养和维修,努力提高工人的生产技术和产品质量,第一年就盈利 3 000 银圆。到 1923 年,他凭广益布厂积累的利润创办了广益二厂,这是当时常州最大的染织厂。

1924 年,刘国钧专程到日本考察,发现日本工厂的优势在于成本低,而降低成本的关键在于科学管理和精简工序。回国后,刘国钧果断地决定改变"广益"的生产方向,避开与其他工厂的重复。同时,他又大力改造技术,淘汰旧设备,采用先进工艺,减少工序,降低成本,大大提高了利润。"广益"生产的各种布,在南京举办的中华国货展览会上一举夺得优等奖,使一些资金雄厚的纺织厂也不得不佩服。刘国钧所采用的产品商标也很有意思,一个叫"蝶球",图案是大小蝴蝶飞舞在地球之上,寓意是"无敌于天下",因为上海话"蝴蝶"与"无敌"发音相近;另一个叫"征东",图案上薛仁贵横刀立马,寓意是"征服东洋货",显示了刘国钧要同洋货一比高低的志向。这两种商品的质量都很好,不仅在国内市场站住了脚,而且还销往国外。

刘国钧的广益厂蒸蒸日上,赶走了刘国钧的大纶厂却江河日下,几年来连续亏损。负责人丧失信心,不得不出卖产权。刘国钧当然不会放过这个机会。经过谈判,大纶的出让价商定为40万银圆。当时大纶的股东,都想早点摆脱这个倒霉的厂,见有人肯出钱接收,纷纷要把股本提走。可是刘国钧一个人也拿不出这样一笔巨款,他先在大纶的原股东中做工作,使一些赔了钱不甘心的股东,决心同刘国钧一起再搏一搏,没有退股;接着又招募到一批新股东。这样他成功地接下了这个厂,改名为大成织染股份有限公司。刘国钧自任经理,不惜重金礼聘国内著名的纺织专家陆绍云工程师进厂。陆绍云果然没有让刘国钧失望,在他的指导下,棉纱质量很快就达到了标准。工人的操作水平也提高了,产量不断上升,生产走上了正轨,第一年就盈利10万余银圆;第二年又大获厚利,除了发放股息、红利外,还净余50万银圆。股东们一致同意将这些钱全部作为投资,公司的资本猛增到100万银圆。

刘国钧在他的厂歌中写道:"提倡国货,对外竞争,出品力求精,成本力求低,挽回权利,富国利民。"为了集中精力发展大成,1932年刘国钧向股东大会提出,把自己独立经营的"广益"和"大成"合并,免得自己再心挂两头。"广益"是刘国钧的"聚宝盆",每年至少有几万元的净利润,刘国钧肯这样做,股东们当然非常高兴。这样,"大成"共拥有纱锭2万余枚,线锭近5 000枚,布机640台,染整设备齐全,资本140万银圆,职工达2 500人,年产值450多万银圆。一个年年亏损的企业,到刘国钧手中,短短3年就发生了这样神奇的变化。刘国钧就是以这样脚踏实地的精神,不断追求更新更高的目标。到1936年,大成公司的资本增加到了400万银圆。刘国钧在事业上的兴旺发达,引起了国内经济学界的重视,著名经济学家马寅初先生赞叹道:"像大成这样,8年增长8倍的速度,在民族工商业中实在是一个罕见的奇迹!"他认为,如果不是日本侵华战争的发生,大成公司完全可以发展成与日本纺织业相抗衡的强大对手。

(五)三个一点点

刘国钧办工厂的诀窍是著名的"三个一点点":"货色好一点点,成本低一点点,价格高一点点。"他在点点滴滴上下功夫,绝不放过经营管理中的任何一个环节。

所谓"货色好一点点",就是使产品新颖质量好。为此,大成公司专门在上海开设办事处,了解上海市面日新月异的棉布花色品种。一旦发现新品流行,立即组织开发生产。有一次,刘国钧见到上海英商怡和纱厂出的一种条子漂布,价廉物美,流行畅销,马上指示仿制,并且开发出质地更柔软、色彩更丰富的条子漂布系列,很快行销全国各地。大成公司所出的布,普遍较其他厂门幅宽一寸左右,其广告语是:"加阔加长,永不褪色"。虽然这样会损失一点,但树立了大成公司的信誉,销售和盈利的增加就不是一点点了。

所谓"成本低一点点",就是要开源节流,压缩成本。广益二厂时期,经过前后两轮技术改造,添置新式浆纱、锅炉、柴油发电机等设备,成为当时国内最先进的机器染织厂之一。同时,刘国均建立了一整套科学管理体系,包括优化车间布局,加强设备和技术管理,率先使用筒子纱、盘头纱,精简生产工序,将传统工头制改为工程师制,又引进初高中毕业生作为练习生,加强中层的业务和技术管理,大力精简冗员。用他自己的话说,就是"少用人,用本事大的人"。到 1932 年,大成厂发展为 2.05 万枚纱锭,580 台布机,全厂职工总数为 1 047 人。而相邻的常州民丰纱厂,只有 1.43 万枚纱锭,没有布机,生产能力仅为大成的一半左右,职工人数却有 1 085 人。无锡广勤纱厂有纱锭 2 万枚,布机 50 台,其有职工 1 960 人,职工人数比大成多出将近一倍。

所谓"卖价高一点点",则是以精良新颖的产品获得更高的回报。大纶布厂时期,刘国钧仿造的日本斜纹布,售价高于平纹布;经营广益布厂,刘国钧增加轧光整理和加工染色两道工序,生产各种染色的漂布、绒布、哗叽、直贡呢等,拉长了产业链,色布的加工深度提高了,附加值也大大高于白坯布。更重要的是,当时的日商、英商工厂利用白坯布货源富足而色布紧缺的机会,依仗自己的技术优势,压低坯布售价,哄抬色布销价,由此操控中国棉布市场,从中获取巨额利益。而广益布厂由织白坯布改为生产色布,正是减少华商之间的自相残杀,而站到了与外商竞争的前沿。大成公司发展时期,刘国钧进而向丝绒、灯芯绒和印花布的领域进军。他第三次赴日访问,详细观摩了灯芯绒生产,引进割刀等生产丝绒和灯芯绒的生产设备,重金聘请日本工人来华传授割绒和磨刀技术。经过两三年的努力，终于开创国内民族工业生产丝绒、灯芯绒的先河。在尝试印花布生产中，刘国钧从日本考察返回时带回一台八色印花车，从上海聘来工程师，负责设备的安装和试车，经过半年努力，以失败告终。他又先后请来上海日商纺织厂工人、德商洋行技师帮助调试，屡试屡败。但困难和非议没有动摇他的信心。他不分昼夜地泡在车间里，与大家一起钻研印花机的原理，摸索调配颜料的窍门，有时甚至连饭都顾不上吃。经过七个多月的不懈努力，终于试车成功。大成公司生产的白坯布经过染色、印花，利润比卖白坯布高出九倍。以"卖价高一点点"为目标的大成公司，已成为初具规模的纺织印染全能企业。

没有后台、没有背景、没有祖传遗产、没有抢手的项目，平民创业，该怎么办？一般人苦恼、叹息、怨恨、等待、随波逐流。而刘国钧吃别人吃不了的苦，做别人不敢做的生意（乱世＋赊账），不让一个机会错过……他以勤奋、坚忍、敏锐、创新、过人的胆魄创造了旧中国纺织业8年增长8倍的罕见奇迹。

刘国钧的汉白玉雕像熠熠闪光，龙城人难忘其"土纱救国"的创业精神。

情境案例

谈谈刘国钧的"三个一点点"

江苏××大学学生霍××去常州××公司实习，公司经理向她介绍了公司的概况，让综合办主任带她熟悉公司的环境。刚好有外商来洽谈业务，要去观赏刘国钧的雕像。经理要陪外商，也让霍××同学一起去。刘国钧的雕像就矗立在常州信息职业技术学院里，霍××同学陪同经理和外商来到刘国钧的雕像前。外商突然问她："听说刘国钧办厂的诀窍是'三个一点点'，我很欣赏这个'纺织巨子'，你能不能给我谈谈他的'三个一点点'？"

霍××同学想了想说："著名的'三个一点点'是刘国钧办厂的诀窍，就是'货色好一点点，成本低一点点，价格高一点点'。他在点点滴滴上下功夫，绝不放过经营管理中的任何一个环节。"

案例评价：

霍××同学对外商关于"三个一点点"的应对，简明扼要，准确无误。外商满意地点点头，经理在一旁也露出了笑容。

"三个一点点"中的"货色好一点点"，就是使产品新颖、质量好；"成本低一点点"，就是要开源节流；"卖价高一点点"，则是以精良新颖的产品，获得更高的回报。大纶布厂时期，刘国钧仿造的日本斜纹布，售价就高于平纹布；经营广益布厂，刘国钧增加轧光整理和加工染色两道工序，生产各种染色的漂布、绒布、哔叽、直贡呢等，拉长了产业链，色布的加工深度提高了，附加值也大大高于白坯布。

五、陈光甫：金融奇才

陈光甫（1880—1976），江苏镇江人，1909 年毕业于美国宾夕法尼亚大学，辛亥革命后任江苏省银行监督，1915 年创办上海商业储蓄银行。短短 20 年间，上海银行就从仅有 7 万元微薄资本的"小小银行"成长为中国第一大私人商业银行，拥有几十个分支机构，创造了中国金融史上的多个"第一"，如第一个重视吸收小额储蓄、首推活期支票存款柜员责任制、率先办理"1 元开户、服务上门、货物抵押放款、国外汇兑"等。陈光甫被誉为"中国最优秀的银行家""中国的摩根"。上海银行在中国近代金融史上创造了一个奇迹，陈光甫也因此成为中国近代最成功的企业家之一。他的成功主要有金融服务创新、用人处事严明、经营诚信稳健。

（一）金融服务创新

陈光甫一生最大的成就在于创办上海银行。1915 年，该行创办时实际资本仅 7 万元，经理员工仅 7 人，算"小小银行"。开业仪式，陈光甫不敢办酒席，不敢请同业董事，连银钱公会的董事朱五楼都不敢请。陈光甫自己任总经理兼营业，拉存款、跑工厂、搞放款，什么都干，晚上还亲自培训青年行员。该行发展迅速，金融服务创新是关键。陈光甫以"服务社会，顾客至上"为宗旨，致力于银行的现代化建设。他对服务提出六条原则：不辞琐碎，不避劳苦，不图厚利，为人所不屑，从小做起，时时想办法。他还提出"顾客是衣食父母"等口号，要求行员对顾客要礼貌和蔼。在上海银行，如果得罪顾客,就要受到训诫。

有一次,陈光甫下行视察,问一个经理:"我们服务顾客时怎样做到更好?"该经理答道:"不论顾客办理业务的数额是多少,不管是1 000元、100元还是1元,我们都热情接待,这样才能够使我们的服务到位。"不料陈光甫却说:"你只回答对了一半,他就是一分钱不办,只要他来到你银行里面,你就要热情接待,你就要为他服务好。"1915年的一天,上海银行迎来了一个特殊的顾客,该顾客拿着1张百元钞票,得意扬扬地要开100个1元的账户。银行的职员热情接待了他,不厌其烦地一口气写下100个户头。该顾客拿着存折,心悦诚服。①

吸收小额储蓄是上海银行的又一服务创新。当时银行基本都以权贵巨商为吸储对象和贷款对象,比如金城银行,创办时北洋军政官僚、前清遗老的存款占90%。这种状态极大地制约了银行的发展。一方面,银行的资本来源过分依赖官僚权贵或者政府存款,一笔存款转移就会极大地动摇银行。另一方面,资金来源的特性使银行不敢也不愿意向工商业投资,他们必须在较短的时间捕捉到最快的挣钱机会,大多会投机房地产、证券市场或者经营政府公债。上海银行一开始就把储蓄放在首位,彻底告别"官商"办银行的传统,通过大量吸收储蓄存款,迅速扩大自己的银行资本,找到自己发展的通路。上海银行秉承陈光甫的指示,研究顾客的实际需求,改进业务的方式方法,不坐待客户上门。如其零星储蓄业务就是为学生而设,并在各校设立办事处,代收学费,以方便学生。当时,其他银行以学生非富商大贾,难以成为大宗客户为由,不予重视。这样,以社会大众为服务对象的"小小银行"就站稳了脚跟。到1936年,上海银行的储户共15万7千余人,按当时人口5亿计算,每3 000人中就有1人在该行开户。陈光甫本人和上海银行在社会上获得了良好的信誉。②

陈光甫非常注重向民族工业放款,这其中包括张謇的大生集团、荣氏兄弟的申新集团。1934年,荣氏兄弟的申新纱厂陷入困境,因为债务太多,到期无法偿还。陈光甫联合几家华商银行组成银团,以申新纱厂的资产做抵

---

① 钱志新.百年苏商[M].南京:江苏人民出版社,2013:35 - 36.
② 同上引.

押,继续放款,清偿了荣氏兄弟的债务,帮助申新渡过了一次最严重的危机。

到 1922 年,上海银行资本额增至 250 万元,与浙江兴业银行并列全国第 5 位,存款达 1 345 万元,在全国商业银行中居第 4 位。上海银行终于在中外银行林立的上海滩脱颖而出。到 1926 年,存款余额突破 3 000 万元,平均年利润率达到 20% 以上。到 20 世纪 30 年代初期,上海银行这家当初的小小银行成为中国最大的私人银行。[①] 陈光甫以其耀眼的业绩,在近代中国金融界笑傲群雄。

(二)用人处事严明

陈光甫用人处事严明,严明即严密和明智。首先表现在"严"上,集中体现在用人制度的严密方面。清末民初的上海金融界,无论旧式钱庄还是新兴银行,都按地缘和师从关系各成派系,诸如宁绍帮、镇江帮、苏州东山帮等。陈光甫虽是镇江人,却从不把自己列于镇江帮,坚持任人唯贤。录用人员一律通过考试,不凭关系,只论条件,重要岗位还有学历、经历、基本素质和技能的特别要求。人员提拔也有健全的考核制度,银行行员分为职员、办事员、助员、试用助员四级,每级又各分三等,严格按才识和实绩进行考核,优异者才能得到提升。对亲戚故旧子弟也是一视同仁,绝无特殊照顾,能力不及或发生差错,同样要降职退职。有一件事颇能说明这一点。上海滩青帮头子杜月笙有一位心腹叫苏嘉善,临终前当着众人之面将儿子托付给杜,请求他帮助把即将中学毕业的儿子保荐到上海银行工作。杜月笙在上海滩叱咤风云,一呼百应,但这一回却不敢轻易允应,犹豫再三才勉强点头,但事后却迟迟难以践诺。后来陈光甫了解到苏嘉善之子基本素质不差,才同意录用为试用助员。[②]

陈光甫非常明智。在他看来,银行的发展,不仅要有服务社会的方法,更有赖于"服务社会之人才",人才培养对于改进服务成效起到关键作用。从上海银行开业后的第二年起,陈光甫每年从盈余中提出一定金额,作为员工培训经费。1923 年,该行开始设立实习学校,1929 年筹设银行传习所。1930 年,陈光甫北上视察,深感业务猛进,人才奇缺,于是责成专人主办训练

① 汤可可,王粤海. 话说苏商[M]. 北京:中华工商联合出版社,2011:69.
② 钱志新. 百年苏商[M]. 南京:江苏人民出版社,2013:38.

班。到 1937 年共办 6 期,每期从数百名报名者中录取数十人,在 2～3 年的时间内进行银行理论与实践的系统培训。抗战时期,该行虽然所处环境十分困难,但仍在上海招生 2 次,共录取 22 人。此后又在重庆招收初级行员及实习员 40 人。抗战胜利后,该行在上海举办"实习员实务训练班"7 届,共招取学员 124 人①。

陈光甫的明智,还表现在明于内部管理,也明于外部的经营开拓。在国内银行中,上海银行率先设立调查部。当时天津有一位商行老板叫奚东曙,是北洋政府总理段祺瑞的女婿。他生意做得很大,花钱如流水一般。许多银行纷纷给他放贷,期望带来优厚的回报。而上海银行调查发现,奚东曙主要从事投机转手,出入赢亏的来去都很大,又没有实货现金做保证。陈光甫立即指示中止放款。不久,奚东曙经营失败,携款逃亡,商行倒闭。各银行蒙受了巨大损失,只有上海银行幸免于难。此后,陈光甫又在银行内部建立逐级查账制度,并由总行派出查账员到各地巡回查账,得以掌握真实信息便于管控。

(三) 经营诚信稳健

陈光甫的诚信稳健首先表现在放贷上,他要求对所有放贷对象进行诚信和财产调查,摸清他们的家底,为放贷提供依据。美亚保险公司的老板史带,是一个夹着皮包到上海滩冒险的美国穷小子,曾经潦倒落魄。20 世纪30 年代初,史带需要贷款,多家银行将其拒之门外。陈光甫派人调查后发现,当时美亚保险已经雇有西籍职员 30 余人、华员约 200 人,且史带其人"饶有资产,信誉殊佳"。于是,陈光甫不仅贷款给史带,还购买了不少美亚公司的股票。多年以后,史带被誉为"远东保险王",他的美亚保险也成了全球保险业的巨头——友邦保险。

诚信稳健更重要的是不能盲目投资扩张,一旦大的投资扩张失败,就有可能全盘皆输,谈何诚信呢? 陈光甫在投资方面非常谨慎。上海银行创办之时,正是中国银行发展的高潮期,一些资本薄弱的小银行利用北洋政府滥发公债的机会,大做公债投机,导致资产和信用两失。上海银行却走出了自己的发展之路。之后的银行经营,陈光甫订下规矩,严格控制银行资金投向有

---

① 钱志新. 百年苏商[M]. 南京:江苏人民出版社,2013:38.

价证券、投向房地产。1929—1931年，正是上海房地产投资的狂热期，而上海银行的房地产投资不过一二百万，仅占银行存款总额的2%～7%；此后，有价证券市场兴起，陈光甫也十分谨慎，证券投资也只占存款总额的5%～9%，远远低于上海的其他银行。发钞是银行聚财的有力手段，但陈光甫认为，钞票发行很容易失度，他宁可向发行行领用钞票，也不谋求发钞特权[①]。

陈光甫不盲目扩张。1928年初春，陈光甫欣赏资耀华发表在《银行月刊》上的文章，托人诚邀其加盟上海银行。资耀华加盟后，陈光甫非常信任，委托其主持调查部工作，不仅关注个人信用，分析企业经营，更对重大投资地域及方向选择提供决策支持。1930年，陈光甫派资耀华去东北考察开设分行的可能性。东北的银行同仁热情招待，百般邀请，但资耀华的考察结论是："东北三省已经成了一个'大脓疱'，迟早非穿不可，一切工作等'脓疱'穿了再看。"次年，日本侵占东北，"九一八事变"爆发，上海商业储蓄银行没有匆忙进入东北是大不幸中之小幸。事后，陈光甫与资耀华谈及此事时额手相庆。

陈光甫的诚信稳健不仅仅表现在谨慎放贷、不盲目扩张方面，员工的诚信教育也很重要。上海银行在对员工进行招考与培训时，非常注重职业道德教育。陈光甫对员工培训提出"仁义礼智信"五项要求。训练班专门开设"服务意义"一门课程，由上海银行高层管理人员亲自讲授，内容涉及个人起居、立身行事，以至团体工作、行史行务等，使学员明了银行历史与宗旨，树立"服务精神"，重诚信，行仁义。即便与外部发生矛盾，引起纠纷，也是以沟通协调的方式来化解。上海银行向长江沿岸一些中等城市的业务推进，抢占了传统钱庄的经营地盘，引起各地钱庄的恐慌。镇江钱庄针对上海银行"一元钱开户"的便民服务项目，派人抬着装有5 000银圆和3 000银圆的大箱子，要求上海银行镇江分行开立8 000个存折，蓄意制造纠纷。南通、芜湖等地钱庄联合抵制上海银行去当地设立分行，断绝与上海银行的票据往来，拒收上海银行本票。对此，陈光甫一面派出高管前往各地协商调停，通过南通张謇、镇江陆小波等商会会长出面协调；一面改善服务，注重与钱庄的合作，及时调剂拆款，并在利率和结算上给予优惠，最终消除了与各地钱庄的

① 汤可可，王粤海. 话说苏商［M］. 北京：中华工商联合出版社，2011：70.

隔阂和对立。

民族危亡之际，陈光甫任中美英平准基金委员会主席，赴美国借款，最终和胡适一起促成了数额为 2 500 万美元的中美"桐油借款"。1939 年和 1940 年，他又促成了两笔总额为 4 500 万美元的贷款，为抗战做出了重要贡献。陈光甫是一位贡献卓越的著名银行家。

六、刘鸿生：企业大王

刘鸿生（1888—1956），出生于上海（时属江苏），中国著名的民族工商实业家，近代民族工业发展的先驱者。他在帝国主义加紧侵略中国、洋商势力横行的年代，由一个从事十年买办生涯的商人，以经营开滦煤炭起家，先后创办 70 多家企业，成为集"煤炭大王""火柴大王""毛纺大王""水泥大王"等于一身的"企业大王"，经营领域遍布轻重工业、运输业、商业和金融业，创立了近代中国数一数二的民族企业集团。1956 年公私合营时，刘鸿生是当时中国仅次于荣氏家族的最富有的企业家。

（一）煤炭大王

刘鸿生经人介绍进入英商开平矿务局上海办事处当销售员。1912 年，开平矿务公司兼并了滦州矿务局，成为开滦矿务公司，续聘刘鸿生担任开滦矿务局售品处买办。古人道："人必有痴，而后有成。"作为上海圣约翰大学高才生的刘鸿生并不安于经销开平煤炭，一辈子当洋人的跟班，他在等待机遇。

1914 年，第一次世界大战爆发，开滦公司的英国籍职员大都应召回国，所有煤矿业务交由刘鸿生管理。第一次世界大战给刘鸿生带来了机会，使他在财富上有了质的飞跃。战争期间，英商张皇失措，急三火四，无暇东顾，刘鸿生趁机与煤矿签订低价合同，自己租数十条船往上海。在秦皇岛交货每吨 6 两银子，运费 3～4 两，到上海成本 9～10 两，销价为 14 两左右，每吨赚 4～5 两，持续 3 年时间，刘鸿生为自己赚到了 100 多万两银子。[①] 由于销售与管理有方，到大战结束时，年龄不满 30 岁的刘鸿生已积累财富达 300 万元之巨，成为名闻遐迩的百万富翁。

当时上海全市工业所需燃煤每年约 300 万吨。刘鸿生当开平买办的销

---

① 钱志新. 百年苏商[M]. 南京：江苏人民出版社，2013：30.

售份额占全市煤炭市场销量总额的40%,即120万吨①,还有180万吨的市场由别的商人占据。如果他不能拿下那60%的市场份额,就不可能成为"煤炭大王"。但是,日商包销国内各种煤炭运销的大部分。1925年爆发了"五卅运动",引发了反帝怒潮,中国人民群起反对日商运销中国的煤炭。刘鸿生很快就抓住了这个机遇,把在上海销售的各种煤炭几乎全部揽来包销。从此,工业用煤的供应被他垄断了。他坐上了"煤炭大王"的宝座。

刘鸿生头脑灵活,精通国际国内煤炭业务,经商有道。比如,他向宜兴陶窑窑主建议烧煤。陶都宜兴陶窑比比皆是,烧窑用柴天经地义,谁也没有想到要用煤。刘鸿生动员窑主,由他出资建立十几座烧煤的陶窑与石灰窑供窑主们使用,他派技术人员指导。如果失败了,一切费用由他承担,绝不向窑主们索要一文;如果成功了,窑主们只承担部分费用,但是必须用他的煤,他也凭信用保证用煤质量。这一建议的结果可想而知,自然是功德圆满,皆大欢喜。

从1920年年初开始,刘鸿生一方面继续为开滦矿务局开拓煤炭销路,另一方面利用买办的特殊身份从事自己的投资和经营。他熟悉全国各矿区的煤炭产销情况和国际市场煤价的走势,先后投资了柳江煤矿和贾汪煤矿。为了解决他的煤屑问题,刘鸿生独具慧眼,有200多万人口的上海需要多少民用煤?于是,他开办了上海第一家机制的中华煤球厂。做煤球的煤都是低价的屑子,这样居民用煤就不用买一大块整煤了。既方便用户,也解决了自己的煤屑问题,两全其美。他还利用自己手中的销售网络、数个码头堆栈,成立了中华码头公司,为自己从买办转变为华人企业家打下了坚实的基础。1932年,他集资创办华东煤矿公司,以"公司"方式与"买办"这个不光彩的行当决裂,成为名副其实的"煤炭大王"。

(二)火柴大王

火柴让刘鸿生在中国近代民族工业史上留下浓墨重彩的一笔。刘鸿生办火柴厂的初衷是安置难民。1919年的夏天,河南、苏北发了大水,大批难民涌入上海、苏州等地,流离失所,社会各界纷纷发起救灾活动。31岁已经

---

① 王慧章. 煤炭大王怎样竞销煤炭——兼谈企业家与市场经济(二)[J]. 时代潮,1994(39).

做了宁波同乡会会长的刘鸿生慷慨解囊捐了 5 万元。但是，捐款不是长久之计，刘鸿生决定办火柴厂。火柴生产工艺简单，手工操作量大，办起来足以安置大批难民。后来回忆起办火柴厂的初衷，他称"第一次世界大战后，国内出现了轰轰烈烈的爱国运动。那时候我还很年轻，虽然口袋里的钞票很多，但我毕竟是一个中国人，特别是在买办生涯中，我感觉到外国人瞧不起中国人。""我觉得中国之所以受气，是因为没有工业，没有科学，因此就想利用口袋里的钞票做点事……我押着煤船逆江而上，有一次几乎被成千的以打柴为生的山民包围起来打死，因为廉价的煤夺去了他们的生计。这件事使我感到'一人享福、万人受苦'的日子是不太平的"。

1920 年 1 月，进口火柴减少，给了刘鸿生进军火柴业的机遇。他的岳父——燮昌火柴厂厂主叶世恭对他的蔑视，让他发重誓，要将燮昌火柴厂"挤进黄浦江"。凭着一股怨气，凭着对火柴行情的看好，更重要的是安置难民，刘鸿生避开竞争激烈的上海，在苏州创办了他的第一个企业——华商苏州鸿生火柴厂。

鸿生火柴厂在 1924 年之前没有盈利。当时，中国人生产的火柴质量差，洋火柴垄断了中国市场。刘鸿生亲自赴日本实地考察，聘请留学归来的沪江大学化学系教授林天骥博士担任总工程师。经过两年的改进，产品可与进口的瑞典"凤凰"牌火柴、日本"猴头"牌火柴媲美，而价格却略低于进口火柴。这样，鸿生火柴厂柳暗花明，绝处逢生，产品销量激增，逐步覆盖上海和苏、浙等地。之后，鸿生的"宝塔"牌火柴畅销全国，成了妇孺皆知的名牌，他的岳父叶世恭创办经营近 50 年的苏州燮昌火柴厂倒闭了。1924 年，刘鸿生收购了叶世恭的苏州燮昌火柴厂，终于看到了他岳父的惨败。在这轮竞争中，刘鸿生牛刀小试，净赚 20 万两银子[①]，出了怨气。收购之后，刘鸿生成立鸿生火柴公司，还在上海设立办事处。

1925 年，上海发生"五卅惨案"，全国掀起抵制日货运动，日本"猴头"牌火柴被迫退出中国市场。瑞典火柴厂趁机收购了日商燮昌火柴厂，并企图垄断中国火柴市场，想兼并大中华火柴公司，甚至还要收购苏州鸿生火柴厂的资产、商标。国内的许多中小火柴厂纷纷"举手投降"，刘鸿生再次抓住机

---

① 陈敏. 刘鸿生：栽在蒋介石手里的"火柴大王"[J]. 金融经济，2010(4).

会。为了抵抗收购,他于1928年发起组织成立了江苏省火柴同业联合会,联合同业维护民族工业,抵制外国火柴。1929年,全国52家火柴厂派出代表,汇集上海,成立"全国火柴同业联合会",公推刘鸿生为会长。1930年7月,鸿生、燮昌、中华三家大型火柴厂宣告正式合并,改名为大中华火柴有限公司,刘鸿生担任总经理。一年后,大中华火柴公司先后兼并了九江裕生、汉口燮昌、芜湖大昌、扬州耀华、杭州光华等中型火柴厂,公司资本随之扩充到365万元,年产火柴15万箱,约占华中地区销售总量的一半,在中国火柴市场上的生产比重占22.43%,销售比重占22.25%,[①]销售地区除东北各省外已遍及全国。至此,大中华火柴公司成为全国规模最大的火柴企业,刘鸿生成了"火柴大王"。

(三)水泥大王

刘鸿生花开多处,齐头并进,他不只经营煤炭、火柴。第一次世界大战后,上海经济飞速发展。建筑材料需求与日俱增,刘鸿生考察了国内及日本水泥工业后,决定在上海龙华创立水泥厂。1920年,他与建筑业巨头桂记营造厂主陶桂林等集资120万元,但资金缺口还很大。据1922年8月13日上海水泥厂第一届股东会议记录,上海水泥厂"在开业前需用款二百万元,已为万不可少之数"。为此,"董事会几次讨论、议决、追缴,还是不能解决"[②]。抑或是股东看到形势不利,不肯出钱。既然招股增资行不通,刘鸿生只好和安康钱庄签订借款合同。

上海水泥厂终于在1923年正式投产,生产"象"牌水泥。上海水泥公司投产后,他便马不停蹄地在全国设立办事处,分销象牌水泥。当时,它面临两个强大的竞争对手,一个是国内最大的唐山启新洋灰公司生产的马牌水泥,另一个是大连日商小野田生产的龙牌水泥。从此,龙、马、象为争夺销售地盘,展开了惨烈的竞争。刘鸿生的上海水泥公司一开始便杀入启新公司控制的核心地盘——京津地区,在天津设立了分销处,启新公司马上还以颜色,迅速进入上海,跌价竞争,旨在搅乱上海水泥市场。刘鸿生很快采取措

---

① 上海社科院经济研究所. 刘鸿生企业史料·上册[M]. 上海:上海人民出版社,1981:169.

② 奚安斋口述. 刘鸿生企业史料·上册[M]. 上海:上海人民出版社,1960:163.

施:让上海水泥公司仿效启新的水泥包装,以利竞争;趁启新厂水泥跌破成本价销售的机会,大量收购,再返运天津销售,败坏启新公司声誉,并搅乱天津水泥市场。

商战的结果是双输,双方很快坐到了谈判桌边,经过艰苦谈判,达成协议:上海水泥公司退出京津为主的华北和华中地区,确保以上海为主的华东和华南地区,启新公司在上海及周围地区限量销售。协议从1925年7月1日起执行。1924年,上海水泥公司全年亏损3.8万余元,达成协议后的1925年即盈利1.2万余元,1926年又盈利12万元。达成协议后,双方不再跌价竞销,反而商定两次提价。"五卅惨案"爆发后,全国掀起抵制日货的高潮,刘鸿生打出"联华制夷"的口号,联合启新公司将日本小野田生产的龙牌水泥挤出了中国市场,造成象、马共占中国市场的局面,并且名利双收。

上海水泥厂是刘鸿生主要的支柱企业,同时也是耗资最大和效益最好的企业。1928年后,在南京新成立的中国水泥公司收购了无锡、太湖两家水泥厂的机器,股本从100万元增加到200万元,日产量从500桶猛增到2 500桶,其生产的泰山牌水泥对象牌和马牌都构成了巨大的竞争压力。刘鸿生照方抓药,极力促成三方联营,各自划分势力范围,在联合区域内,划定各自的销量,并协议成立一个联合营业所。协议达成后,中国水泥公司依仗实力雄厚,并不执行,直到两年后,日本水泥大举反攻,三个公司都力不能受,才最终实现了联营。当时三家的产量之和约占全国总产量的85%以上,联营避免了跌价竞销,同时抵制了日本水泥的倾销。"联华制夷"的策略让刘鸿生成了人们口中的"水泥大王"。

(四)商路坎坷

刘鸿生的奇迹还没有结束,火柴厂和水泥厂的创建和发展,进一步激发了刘鸿生振兴实业的宏大抱负,他相继创办了码头、仓储、毛纺织、搪瓷、煤矿以及银行、保险、房地产等企业。1931年,刘鸿生的投资额已达740余万元,被称为中国"火柴大王"和"毛纺业大王"。[①] 1932年,上海四川路上矗立起宏伟的高达八层的鸿生企业大楼。大楼里的刘氏集团大本营包括开滦煤矿上海售品处、刘鸿生办公室、水泥公司、码头公司、华东煤矿公司、大中华

---

① 钱志新. 百年苏商[M]. 南京:江苏人民出版社,2013:32.

火柴公司、章华毛纺公司、中国企业银行、保险公司、律师事务所和医务机构。大楼门口悬挂的种种金字招牌光芒四射,面对商贾云集的旧上海,面对充满梦想的各路冒险家,辉映着大展宏图的刘鸿生事业顶峰的骄傲。

但是峰回路转,春风得意的刘鸿生很快遭遇十四年抗战和官僚资本的双重打击。1934年,世界经济恐慌波及中国,加上国内战事不断,上海经济动荡,百业凋敝,市场萧条,刘氏企业同样危机四伏,荆天棘地。到1936年,刘鸿生所欠各项债务达500多万元,他被迫将所有通契、股票悉数送进银行作为抵押,甚至连他的花园洋房也难免厄运。刘鸿生哀叹道:"我不是一个悲观主义者,但在经济方面,没有一样能使我乐观。"最后,刘鸿生派儿子与银行达成协商,终于让银行同意借款连本带利延期一年偿还,才得以渡过难关。

1940年12月,蒋介石邀请他赴渝主持建立后方工业基地,并许诺1000万元补偿他的企业落入日军手中的损失。刘鸿生备感鼓舞,欣然受命。他在西南地区,直接或间接投资的火柴厂等达到八家,为国民政府带来巨大财源;在西北,他集资筹建了西北毛纺织厂。刘鸿生不辱使命,为开发西部地区做出了巨大的贡献。但蒋介石允诺的1000万元始终没有兑现,孔祥熙更是利用他资金和物质的匮乏,控制了刘氏企业五分之四的股份和各部门人员的安排。十四年抗战对于整个中国是一场"惨痛的胜利",对于刘鸿生本人则堪称"体面的失败"。战后刘鸿生的产业继续遭到蚕食鲸吞。1948年,蒋介石强制发行金圆券,在军法制裁的威胁下,刘氏集团共交出黄金800条,美钞230万元,银圆几千枚,兑换成了天天贬值的金圆券。这场浩劫使刘鸿生的企业元气大伤,全线瘫痪。他本人的冠心病也骤然加剧。战争的磨难没能打倒他,经营了几十年的事业却毁在强权之下。

新中国成立后,周恩来总理与刘鸿生诚恳地交谈,刘鸿生受到很大鼓舞。1949年12月,刘鸿生回到上海,对人民政府短期内稳定物价的措施由衷钦佩,努力使上海水泥公司等企业复工。1950年,刘鸿生任上海市人民政府委员。抗美援朝时,刘鸿生带头捐献飞机大炮,上海水泥公司董事会与全厂职工齐响应,共捐献人民币20.17亿元(旧人民币)。后刘鸿生当选为全国工商联执行委员,第一届全国人大代表。1956年,他的价值2000余万元的

8个企业全部实现公私合营。1956年，刘鸿生在病重弥留之际谆谆嘱咐子女们把所余的全部定息献给国家。

10 两银子的故事

很久以前，一位有钱人要出门远行，临行前他把仆人们叫到一起并把财产委托给他们保管。依据他们每个人的能力，他给第一个仆人 10 两银子，给第二个仆人 5 两银子，给第三个仆人 2 两银子。拿到 10 两银子的仆人把它用于经商并且赚到了 10 两银子。同样，拿到 5 两银子的仆人也赚到了 5 两银子。但是拿到 2 两银子的仆人却把它埋在了土里。

过去了很长一段时间，他们的主人回来与他们结算。拿到 10 两银子的仆人带着另外 10 两银子来了。主人说："做得好！你是一个对很多事情充满自信的人，我会让你掌管更多的事情，现在就去享受你的奖赏吧。"

同样，拿到 5 两银子的仆人带着他另外的 5 两银子来了。主人说："做得好！你是一个对一些事情充满自信的人，我会让你掌管很多事情，现在就去享受你的奖赏吧。"

最后拿到 2 两银子的仆人来了，他说："主人，我知道你想成为一个强人，收获没有播种的土地，收割没有撒种的土地。我很害怕，于是把钱埋在了地下。"

主人回答道："又懒又缺德的人，你既然知道我想收获没有播种的土地，收割没有撒种的土地，那么你就应该把钱存到银行家那里，以便我回来时能拿到我的那份利息。然后再把它给有 10 两银子的人，给那些已经拥有很多的人，使他们变得更富有；而对于那些一无所有的人，甚至他们有的也会被剥夺。"

这个仆人认为自己会得到主人的赞赏，因为他没丢失主人给他的 2 两银子。在他看来，虽然没有使金钱增值，但也没丢失，就算是完成主人交代的任务了。然而他的主人却不这么认为，他不想让自己的仆人顺其自然，而是希望他们能主动些，变得更杰出些。

举步不前的结局只能是平庸；超越自己，摆脱平庸，努力创造自我价值，这样才能受到别人的赏识。

由官而商开风气①

本公厂纠约同志，惩前毖后，妥订规条，尽除公司流弊。凡属购机、建厂与夫用人、营运，莫不实事求是，悉秉大公。恒念附股诸君付托之重，不使少有遗憾，以期挽回薄俗，渐收利权。

这是一份企业集股章程中的一段，显然，其行文风格与如今的公司募股章程大不相同。这份以木刻本的方式流传下来的早期民族工商业的集股书，招股方就是杨宗濂、杨宗瀚兄弟创办的全国第四家民办纺织厂——锡山业勤机器纺纱公厂。

杨氏的起家，走的是一条"由官而商"的道路。1862年，李鸿章率领淮军东下上海后，杨氏兄弟即应聘入幕。杨宗濂长期在天津总办武备学堂，一度也兼督办顺直纺织事务。杨宗瀚则在刘铭传督理台湾军务并任台湾巡抚时，被委任协办商务、洋务，兼办开埠事宜，并参与台湾南北铁路的兴建。1891年，李鸿章召杨宗瀚接办上海织布局，他全面整顿局务，不到一年时间，就使这家筹办十年一直陷于困境的工厂开工投产。

1895年，杨氏兄弟筹办业勤纺纱厂，翌年厂房落成，向外商订购的机器也陆续运到，但原先承诺的股本到位不足半数。杨宗瀚找到两江总督刘坤一，借来积谷公款10万两，并向行庄借款2万两，方才渡过难关。

1896年年底，业勤纱厂正式开工生产。主厂房建筑为西式砖木结构的二层大楼，附设机修工场，轧棉工场、仓库及二层的账房兼办公楼。工厂有职工1070人，装备细纱机1万余锭，配套有清花、梳棉、棉条、粗纱、摇纱等设备和工序，配有车床和刨床的机修间。动力为兰开夏式火管锅炉三台，建锅炉间配350匹马力双缸蒸汽机两台，由引擎牵引天轴以皮带传动设备运转。另有直流发电机一台，主要供给全厂照明用电。这在当时国内纺织企业中已属先进。开办后没几年，不仅偿还了积谷公款和银行贷款，计发股息也极为可观。杨宗瀚重视生产技术的改进，常派人员到上海的英国纱厂实

① 汤可可，王粤海. 话说苏商[M]. 北京：中华工商联合出版社，2011：93 - 96.

习,回厂后进行推广和改良。随时根据市场需求的变化,增产适销对路的产品。业勤纱厂的产品因此声誉鹊起,除生产 14 支纱外,还增加了 12 支和 16 支纱的生产。从 1903 年起,业勤纱厂连续三年增添纱锭,使纱锭总数达到 1.3 万余枚,职工也扩充至 1 400 人。在业勤的带动下,振新、广勤、申新、庆丰等厂接踵而起,无锡由此成为中国棉纺中心之一。

杨宗濂、杨宗瀚先后于 1906 年和 1907 年病故,其后辈在资产管理上发生矛盾,1908 年议定采用两房轮值经营的办法。这样当值的一方往往为了盈利,对机器设备的保养和更新不予注意,以致生产经常处于起落不定的状态。后来轮值之法被废止,但租赁经营的模式未变,工厂日渐衰败。1937 年 11 月 25 日,无锡沦陷,次日该厂即被日军纵火烧毁,业勤纱厂由盛入衰,直至完全毁灭,走完了它曾经辉煌而最终悲壮的历程。

证明技术力量之伟大 [①]

费达生,14 岁进入省女蚕校学习,1922 年夏毕业,被选派去日本留学,次年考入东京高等蚕丝学校制丝科。一年后,费达生回到女蚕校,参加蚕业推广部工作。1924 年春,胡咏絮、费达生等人来到吴江县庙港乡开弦弓村,建立了第一个蚕业指导所,组织起蚕业合作社。1930 年,女蚕校增设制丝科和制丝实习工厂,费达生任主任和厂长,蚕业的改良从桑蚕向制丝延伸。女蚕校倡导的丝业改革也引起一些丝厂业主的重视,无锡瑞纶丝厂厂主吴申伯,委托女蚕校对其设在玉祁镇的丝厂进行技术改造。

玉祁的瑞纶丝厂是一个有 260 台丝车的中型丝厂,费达生受命后全力投入对丝厂的改造。由无锡合众铁工厂与上海环球铁工厂共同开发"女蚕式"立缫车,分两期将瑞纶厂的机器设备全部替换更新。与此相配套,对煮茧机、剥茧机、复摇车等各道工序的机械和工艺也进行了改革。为了提高生丝品质,费达生特意加大缫折,降低出率,生产成本相应增大,一度引起吴申伯的疑虑。费达生抓住关键技术环节,逐步提高丝篚回转速度,并在选茧、剥茧、煮茧等各个环节相应加以改进,不到一个月即见成效,不仅出率增加、成本降低,生丝质量也大幅提升,该厂"金锚牌"生丝在国际市场上赢得

---

①　汤可可,王粤海. 话说苏商[M]. 北京:中华工商联合出版社,2011:135 - 137.

好评。

经与吴申伯协商，费达生将工厂分为资产、加工、丝茧三个部门。工厂的厂房、设备等归厂主所有，以合理的折旧计算租金，由经营者负责支付；加工生产由女蚕校推广部负责，由经营者支付加工费；原茧的收购和生丝的推销由经营者负责，并体现经营利润。

费达生对工人、职员分批进行培训，提高管理水平和操作技能，对女工根据出勤、出品数量质量，订立奖励制度，工资有一定增加。又建造女工宿舍、医务室、膳堂等，全面改善职工福利。瑞纶厂后改名为"玉祁制丝所"，它的成功改革在江浙一带丝厂中具有典型示范意义，得到了社会各界的赞誉。女蚕校校长郑辟疆的评价是："这证明技术力量之伟大。"此后，女蚕校推广部又在吴江震泽、平望创办制丝所，费达生身兼两所的经理。

1937年，在日军炮火下，女蚕校校舍及震泽、平望、玉祁制丝所等大部分被毁。1938年，费达生与部分技术人员辗转跋涉到达重庆，被委任为四川丝业公司制丝总技师。同年，她受女教育家俞庆棠之聘，担任川南蚕丝实验区主任，主持四川蚕丝技术改造，为四川的蚕丝业发展做出了巨大贡献。

案例分析题：

请从"由官而商开风气"和"证明技术力量之伟大"两个商例中选择一个商例，结合实际加以评述，要有自己独特的视角、独到的见解，不拘泥于教材。

第四章 近代苏商 群星璀璨

第五章

现代苏商

多领风骚

苏商与苏商文化

> 一流企业家耍的是境界,靠的是实力,走的是差异。实力包括硬实力和软实力,硬实力是经济基础,软实力是品质、才华、能力。差异是与众不同,不人云亦云,独树一帜,自成一体。

现代苏商在市场经济的滚滚浪潮中迅速崛起。2020 年,人均 GDP 江苏问鼎全国第一,江苏省的人均 GDP 已经连续 12 年位居全国第一,其中南京、常州、无锡 3 个市人均 GDP 已达到 2 万美元,苏州市人均 GDP 已经达到了 2.6 万美元。中国人均 GDP 排名前三的城市,江苏省占据两个,分别是无锡、苏州。可想而知江苏有多富庶。江苏还是民营和外资经济高度发达的省份,全国民营制造企业 500 强,苏州市拥有 28 家,数量居全国第一;中国民营企业 500 强,苏州市拥有 26 家,数量居全国第二。江苏累计吸引外资已经接近 5 000 亿美元,外资的规模位居全国第一。2020 年经济形势严峻,江苏吸引外资达 1 800 多亿人民币,可见经济竞争力超强。苏商在时代风云变幻中展现与众不同的风采,他们诚信坚忍、开放包容、温文儒雅、稳健厚重,得道多助,令万众瞩目,"数风流人物,还看今朝"。

一、吴仁宝:有福民享,有难官当

对于江苏省华西村的老书记吴仁宝,外界有很多称呼:"农民政治家"

"农民企业家""农民思想家""农民语言大师""政治经济学大师"等。对于这些称谓，吴仁宝也当之无愧，但是，如果要用最准确的词语来总结他为何能够将华西村打造成"天下第一村"的话，最合适的还是他自己说过的8个字："有福民享，有难官当。"

几十年来，他是这样说的，也是这样做的。据报道，有记者问吴仁宝，人们常说的是"有福同享，有难同当"，你却为什么要提出"有福民享，有难官当"？吴仁宝说，"立党为公，执政为民"，在华西村的体现就是"有福民享，有难官当"，这样才能体现出共产党员的先进性。华西村的实践证明，能做到"有福民享，有难官当"，组织就有力量，干部就有权威，经济就能发展，老百姓就能真正得到实惠。

吴仁宝就是这样一点点地靠实际行动在村民中树立起自己的权威的，很多村民对他的钦佩与依赖，也都是发自内心的，觉得"老书记是个伟大的人"："因为这么多年来，老书记从来都不考虑自己的事情，24小时，只要清醒着，他都在考虑华西如何发展，都是在考虑公事，他确实是大公无私的一个人，所以很伟大。"

无疑，吴仁宝是一个优秀的农村建设领头人，但同时，他又是个极具市场敏感性的企业家，一个乡村改造运动的积极实践者。正是在他的带领下，华西村完成了包括农村经济再造、组织结构重组、村民自治等在内的各种探索，塑造了新的乡村生活方式，形成了新的农民价值体系，为中国的农村改革提供了一个鲜活的个案。也因此，2009年9月14日，吴仁宝被评为"100位新中国成立以来感动中国人物"之一。他当之无愧。

（一）老书记的宏伟理想

现在，媒体呈现出来的华西村的典型图景是这样的：公路、公园、别墅、汽车。套用吴仁宝的说法是：田边绿树成荫、河塘黄石驳岸、工厂整齐清洁、地面草坪成片，鸟语花香，人人喜气洋洋，初步建成了社会主义现代新农村，成为江南田园风光旅游中心。或者是"远看像林园，近看像公园，仔细一看，原来农民生活在乐园"。

为了实现这样一幅社会主义新农村的宏伟理想，吴仁宝用了近半个世纪的时间。

在现有的江苏乡镇企业家里面，吴仁宝算是年龄比较大的，1928年出生的他很小就给地主家扛活。新中国成立后，他当家做了主人，充分认识到了社会主义大家庭的温暖，几乎事事先进。在33岁那年，他迎来一个带领村民建造社会主义新农村的机会，成为华西大队党支部书记。

在那个时候，吴仁宝经商及治世的才华就开始显现。与中国由知识分子主导的历次乡村改造不同，吴仁宝出身低微，文化水平不高，但是，他也有自己的优点，最清楚农村的困境与农民自身的劣势。当时华西人口667人，面积0.96平方千米，耕地只有845亩，被分割成1300多块，田块七高八低，落差3米多。如果遵循传统的生产模式，农民已不可能从人均一亩土地的资源系统中获得发展。

鉴于此，吴仁宝采用了跳跃式的发展路线，直接跃过了分散个体阶段，将农业生产从小农模式带入规模经营，把12个自然村的农民逐步聚集到一起居住，同时将破碎的土地重新整理集中，连成一片。就这样，他以集体经济来汇聚资源，规避了农民个体的薄弱与落后；同时，通过强制与苦行僧般的积累，来积累原始资本。后来，华西村成为赫赫有名的南大寨，吴仁宝还因此当上所在的江阴县的县委书记。

事实上，吴仁宝在高调学大寨的同时，还干着另一些"见不得人"的工作，就是偷偷发展"地下工业"。因为吴仁宝很早就知道，种田可以填饱肚子，但要让农民富起来，必须跟上世界发展大势，搞工业。关于这一点，现在早已广为人知，但是在当时，却是"资本主义尾巴"，如果让外面知道了，可不是小事。所以，吴仁宝回忆说，他采取了瞒天过海的手段，"田里红旗飘飘、喇叭声声，检查的同志走了，我们转身也进了工厂"。

对于为何要这样做，吴仁宝总结为一句话："既和上级保持一致，也和群众保持一致。"他说，从理论上说，党和人民的利益是一致的；但在具体工作中，由于种种原因，上级的政策、决定，与人民群众的利益发生矛盾的情况，也是经常发生的。发生了，作为基层领导干部，怎么办呢？吴仁宝的办法是，实事求是，从实际出发。

就这样，吴仁宝用一种很特殊的方式改造着他的家乡。随着改革开放的到来，吴仁宝工业兴村的路径选择终于正大光明地浮出水面。1978年，当绝大多数中国农村还在为能否办厂争论不休的时候，华西村的家底已有100

万元固定资产和 100 万元银行存款,另外还存有 3 年的口粮。

而在家庭联产承包责任制推行方面,吴仁宝也坚持采用了符合本村实际的方式。20 世纪 70 年代末 80 年代初,全国推行家庭联产承包责任制,华西村人多地少,工业已经起步,分还是不分?吴仁宝选择了不分,将 500 亩粮田交给 30 名种粮能手承包,大多数劳动力转移到工业上,使华西在发展市场经济的道路上跨出了一大步。

市场变幻不定,吴仁宝却总能险中求胜,按照他的通俗解释是:"风险风险,有风才有险,躲过了一阵阵风气,也就能避开险情。"对风气的观察,吴仁宝依靠对政策的嗅觉,每天早晨 6 点 30 分准时收听广播新闻,晚上 7 点定时收看《新闻联播》,即便出差在外也雷打不动。一个广为流传的故事,说吴仁宝"一个决定赚了一个亿",其实是在 1992 年 3 月初的一天,邓小平视察南方谈话播出后,吴仁宝认定将有经济上的开放和起飞,当天夜里 2 点钟召集党员干部大会,第二天就向无锡市委申请了 1 000 万元贷款,同时发动全村人立刻奔赴全国各地用尽各种办法购进工业生产原材料。果然,待到 3 月 11 日"讲话"精神传达到基层,工业原材料价格迅速上涨几倍。其长子吴协东向媒体公布的数据是:"村里当时购进的铝锭 6 000 多元/吨,3 个月后就涨到了 1.8 万多元/吨。"

因此可以说,吴仁宝的角色,既是一个一心一意带领村民致富的村干部,也是一个对市场观察十分敏锐的企业家,也因此,才成就了华西村"天下第一村"的美名。

"钱怎么来,我们听中央的。邓小平说发展是硬道理。发展是对县级以上领导讲的,对我们乡村来说,落实是硬道理。我认为,有条件不发展是没道理,没有条件创造条件发展是真道理。我们华西就是不断创造条件发展的。从新中国成立至今,我们没有向国家伸手要过一分钱。什么叫科学发展?有效益的发展才是科学发展。"吴仁宝说。

(二)吴仁宝不败的秘密

应该说,华西村能有今天,可以归功于吴仁宝的能力,但更该归功于吴仁宝的人品。

在村民心目中,吴仁宝的威信来自他的亲身示范。这种威信的积累从他当上村支书时就开始了。当时,年仅 33 岁的吴仁宝不仅带领村民制定了一个华西村 15 年规划,还带头平整土地、开挖沟渠。"由于常年干苦力,老书记那时候看着并不年轻。凌晨 2 点钟开始干,从鸡叫干到狗叫,最苦最累的活都是老书记带头,别人说我们是'做煞大队'(当地方言,意为干活太苦),但这是华西人唯一的出路。"当年的村革委会副主任赵毛妹说。当年她不到 20 岁,是"铁姑娘战斗队"的一员。

吴仁宝吃苦在先,享受却很靠后。华西每年都要拿出大量资金改善村民的生活,而吴仁宝却始终保持着清教徒一般的生活方式。到现在为止,他还住在 20 世纪 70 年代老式的联排房中,这类房子村里已不多见,更没什么人住。

"有记者问我是不是在作秀,我说就是作秀,作给华西干部们看的。"吴仁宝直率地说。

他经常说的一句话是:"家有黄金数吨,一天也只能吃三顿,豪华房子独占鳌头,一人也只占一个床位。"这充分显示了他廉洁勤政的人生态度。

还有,吴仁宝不独裁。曾有一位到华西村参访的村支书好奇地问吴仁宝:"你们的老百姓这么听话,我那里的老百姓怎么不听话?"群众不听话,是很多干部的共同感受。干部做了错事群众不听话,情有可原,有时做的是对群众有益的事,群众也不听话,于是他们得出结论——老百姓素质低。可是,吴仁宝的回答是:"我是不怕群众不听话,就怕自己不听群众的话。我听了老百姓的话,老百姓肯定会听我的话。"他是这样说的,也是这样做的,所以他能服众。

而且,吴仁宝是真心地爱护自己的村民的,甚至不惜牺牲自己的家人。由于他一直忙于工作,根本没时间照顾子女。与此形成鲜明对照的是,1974年,村民孙良庆 12 岁的独生儿子在游泳时不幸溺水身亡,看到孙家悲痛欲绝,吴仁宝心里也很难受,决定把自己 11 岁的小儿子吴协恩过继给他们。吴仁宝说:"孩子是在'双抢'时出事的,我这个做书记的有责任。"11 岁的吴协恩死活不同意,但吴仁宝已经决定,再无更改。最终,吴协恩被过继到了孙家。7 年后孙庆良去世,孙家母女要求吴协恩成为孙家女婿。而此时吴协恩已心有所属,但吴仁宝几乎没有多与儿子商量,便允下了婚事,将吴协恩入赘孙家。

在政治上，吴仁宝又是个极有智慧的人。在 20 世纪 60 年代，他一边大规模地学大寨，一边又偷偷摸摸地搞工业，就是最好的例子之一。当然，关于这方面的例子，还有很多，比如，"用形式主义对付官僚主义"就是他的一种智慧策略。最为极端的例子是，20 世纪 60 年代，管水利的干部要求沟渠里什么都不能种，管农业的干部要求沟渠里种粮食，管副业的干部要求全面发展经济作物，吴仁宝的对策是把一条沟一分为三，三分之一不种，三分之一种粮食，三分之一种水葫芦，分别应对不同的领导视察。

实际上，吴仁宝这种自称的"用形式主义对付官僚主义"的办法，并非领导不知道，却没有激怒领导，关键在于他的谦逊和低调。任职近半个世纪以来，上到中央，下到乡镇，不管哪一级领导只要来到华西村，吴仁宝都会尽量抽出时间亲自接待。他的低调与谦逊，跟当年飞扬跋扈的禹作敏形成了鲜明对照。现在，华西的博物馆里还陈列着一辆禹作敏送的美国轿车，那是当年吴仁宝去大邱庄考察时收到的礼物，为此，他曾专门写信给无锡地委请示能否接受。

"我只是个村干部，我们上面的领导最多，谁都能管。为什么领导讲的华西也可以不做？那是因为领导不是只对华西一个单位讲的。我们不合适做，其他单位可以做，所以领导讲的还是对的。"吴仁宝不止一次地对外讲这样的故事，"每个领导的要求不一样，明着顶，领导会不高兴，只有暗顶，如果领导说的不符合华西实际，就回答谢谢关心，领导一高兴就不会盯住不放了。"

甚至，连华西村的建筑都渗透着吴仁宝的政治智慧。他亲自设计了华西金塔，四四方方的主题建筑像西式楼房，每隔两层探出来的飞檐与塔顶的阁楼又透着中式元素。华西村农民公园里，传统江南建筑中密布着各种壁画和雕塑，展现的都是中国传统故事；而在世界公园里，美国的白宫、法国的凯旋门、悉尼的歌剧院又惟妙惟肖，应有尽有。"有的领导说我们太土，有的领导说我们太洋，所以我们就干脆建一个不土、不洋、不城、不乡的有华西特色的社会主义新农村，后来李瑞环同志来的时候给我们改了个字，评价为亦土亦洋，亦城亦乡，算是给我们平了反。"说起这些，吴仁宝总会发出爽朗的笑声。

（三）天下第一村

吴仁宝说，村民信任他，他就要给村民带来幸福，这是他几十年来坚持不懈工作的最大动力。他给"人民幸福"定了三条具体标准，即生活富裕、精神愉快、身体健康，并把新农村的形态总结为"三化三园"，即美化、绿化、净化，远看像林园，近看像公园，细看农民生活在乐园。

他做到了。现在华西外出就读的大学生回村率是 200％，他们不仅自己回来，还会带自己的对象回来。

"回来有房子、车子，也不用找工作，我为什么要在外面？"从华侨大学毕业回村的赵龙贤说，"和身边同学唯一不同的，就是优越感。如果去北上广，还要自己买房子车子，生活哪有华西好？"

情境案例

介绍家乡的苏商

江苏××学院行政管理专业谢××、汤××、高××同学去江苏省工商业联合会江苏省总商会实习，商会一位负责人举办欢迎他们的座谈会。会上负责人先对三位同学的到来表示欢迎，希望他们的实习能有所收获，然后简要介绍了现代苏商的情况，并请他们各自介绍一位家乡的苏商。

谢××同学想了想说："我的家乡在苏州吴江，我们家乡有个陈建华，1971 年出生，现为恒力集团董事长兼总裁，他也是江苏省商会副会长，获得过全国纺织工业劳动模范、全国低碳经济突出贡献人物等荣誉。2020 年 5月，陈建华、范红卫夫妇获 2020 新财富 500 富人榜第 20 名。"

汤××同学非常兴奋地说："我来自江阴市，我们市有个华西村，大家应该都听说过吴仁宝，他是农民企业家，华西集团（公司）董事长、中国十大扶贫状元。他带领村民走共同富裕的道路，使华西村由一个欠债累累的贫困村，逐步发展成人均存款超百万元的'天下第一村'。华西村是中国的'新加坡'，吴仁宝是华西村的'李光耀'。"

高××同学说："我是南通人，现任中南控股集团有限公司董事局主席的陈锦石,是我的老乡。2020 年,陈锦石家族以 140 亿元人民币财富名列《2020 胡润全球房地产富豪榜》第 146 位。陈锦石出身于农民家庭,自幼家境贫寒,干过泥工、钢筋工、木工、项目经理等建筑业几乎所有的工种和岗位,艰苦磨砺了他坚强不屈的性格,他以极大的魄力和果敢,不仅为草根们'打开了一扇通往财富的大门',更把自己修炼成江苏最具知名度的企业家。"

案例评价:

对行政管理专业谢××、汤××、高××同学关于各自家乡的苏商的简单介绍,江苏总商会的那位负责人满意地点点头。他说:"不错,各位同学对各自家乡的现代苏商还是有所了解的,相信你们来这里实习会了解得更多,希望将来你们以苏商为榜样,为社会、为人民多做贡献!"

二、沈文荣:钢铁之王,追求卓越

被誉为"钢铁大王"的沈文荣(1946—)是江苏张家港人,1992 年起,担任沙钢集团董事长、总裁、党委书记,全国人大代表、中共十六大和十七大代表、全国劳动模范。2008 胡润百富榜第 36 名;在《财富》2012 中国最具影响力的 50 位商界领袖排行榜中排名第 25 名;2020 年以 232.5 亿元财富位列《2020 新财富 500 富人榜》第 113 位。沙钢先后荣获"中国钢铁行业改革开放 40 年功勋企业、中国质量服务信誉 AAA 级企业、国家创新型企业、全国钢铁行业清洁生产先进企业、中华慈善奖企业"等荣誉称号。2019 年,沙钢集团铁、钢、材产量分别完成 3 325 万吨、4 110 万吨、4 052 万吨,较上年同比分别增长 4.5%、1.1%、2.5%;实现营业收入 2 520 亿元,利税 170 亿元,效益实绩继续位居国内同行前列。2020 年,集团实现营业收入 2 668 亿元,利税196 亿元,企业利润在行业中继续保持前列;连续 12 年跻身世界 500 强,2020 年位列第 351 位。

(一)临危受命

白手起家的沈文荣凭借自己的努力一点点地摆脱贫困,一步步地迈向了"财富的金字塔"。1946 年,沈文荣出生于江苏省张家港市,父亲的早逝使得这个原本就不富有的家,"船漏偏遇顶头风"。兄弟姐妹六人从小与母亲相依为命,当时家里只有三间茅草屋,一遇暴雨,外边下大雨,里边下小雨,更糟糕的是劳动力缺乏,全家人往往饥肠辘辘,日子非常艰辛。然而,艰难磨砺了沈文荣的性格,困苦锻炼了沈文荣的意志,向上追求的心,改变了他的一生,改变了他的家庭,也改变了原本默默无闻的锦丰镇。多年以后遍地芦苇、盛产棉花的锦丰镇,矗立起雄伟的沙钢厂,镇上的农民几乎都成了钢铁工人,世界各地的商人蜂拥而至。

初中毕业后,沈文荣没能像其他同学那样如愿以偿地升学读书。由于家庭负担重,沈文荣回家务农,成了一个纯正实在的农民,但他并没有因此而气馁。在务农的三年中,沈文荣时刻都梦想"头角峥嵘"。经过三年"蛰居",沈文荣顺利考取了中专,1968年毕业后进入江苏省沙洲县锦丰轧花厂,成了一名普普通通的工人。沈文荣工作认真勤奋,别人闲暇喝酒打牌,他默默地钻研专业技能,他相信天道酬勤,种瓜得瓜,一分耕耘就会有一分收获,功夫不负有心人。1975年,沈文荣所在的轧花厂集资45万元,增设了轧钢车间,勤恳上进的沈文荣被提升为副厂长。1976年,这家轧花厂更名为沙洲县钢铁厂,沈文荣有了更大的发展平台和更为广阔的施展空间。在沈文荣的带领下,小钢铁厂终于有了起色,而此时距离他升任副厂长已经过去了四年。

1984年,沈文荣升任钢铁厂厂长,感触颇深,压力颇重,实事求是地说,他确实是受命于危难。从中观看,当时乡镇周边的小钢铁厂多如牛毛,沙钢没有任何优势可言。从微观看,举步维艰,如果沙钢找不到自己独特的优势,那么在钢铁厂林立、龙争虎斗的背景下只有死路一条。作为沙钢"第一把手"的沈文荣感到钢厂的局势危如累卵,改革十分必要和迫切。

(二)独具慧眼

时势造英雄,时代给了沈文荣展现才华的机会,临危受命的沈文荣在没有任何依仗的情况下,硬是把一个镇办作坊发展壮大成一个世界级的钢铁集团。如此一鸣惊人,不是投机,也不是幸运。沈文荣一心向上,脚踏实地,有远大的目标,往往独具慧眼,另辟蹊径,绝处逢生。到过沙钢的人一定能看到一幅晚唐皮日休"穷不忘操,贵不忘道"的书法壁挂。这是中国士大夫所推崇的节操,也是沈文荣十分欣赏的,奉之为道德准则。日常生活中,沈文荣也常谈论"产业报国""做生意恪守诚信"等苏商所崇尚的准则,因此,在沈文荣身上,几乎可以看到苏商所有的优良秉性:创业不是为了小我,而是为了富民报国,这使他能够摆脱小富即安的短视,拥有长远的发展目标;他往往独具慧眼,奇想敢干,迅捷抢占先机;他实业当先,以创新为魂,使其企业永远立于时代的潮头。

38岁的沈文荣正式上任厂长后,将其强悍的个性注入钢厂,做出一个大胆的决定:攥紧拳头,全力收缩产品线,将大企业不屑一顾而小企业又无法上规模的窗框钢作为主导产品。应该说,沈文荣作为一个大企业家的特质这时已经初步展露。要知道,在沙钢周围就有宝钢、苏钢、锡钢、南钢、马钢等一大批"老大哥",一个集体性质的小钢厂要想争一碗饭何其之难。但沈文荣并不畏惧,他有自己的办企业思想:"如果我们的企业不够大,那就首先在某一个产品上要做到最好,争取在江苏甚至在全国有一定的知名度。"沙钢小打小闹的局面彻底被改变了。窗框钢很快就以质优价廉、货源充足在市场上一鸣惊人。到1988年,已经建立起4条窗框钢专业化生产线,窗框钢产量达到13万吨,国内市场占有率达到60%,基本主导了中国窗框钢市场。沙钢因此积累了1亿多元资金,进入国家二级钢铁企业之列。实践证明沈文荣的选择是正确的,沈文荣的眼光独到。

沈文荣很快就再次证明了他极强的市场敏锐性和独具慧眼。1988年年底,沙钢积累的资金已经可以坐吃10年了。但沈文荣不是坐吃山空之人,他无时无刻不在捕捉机会。沈文荣就意识到新兴的铝合金和塑钢窗很快会淘汰沙钢的窗框钢。这时一般人会转做铝合金和塑钢窗,但沈文荣不会步人后尘,他不仅仅是为赚钱,而是要做产业,钢铁是他认准的,既然已经有足够的资金,就可以乘胜向前。

如何向前呢?显然,急功近利和短期行为不足取,哗众取宠和好大喜功也不行,应该埋头苦干,量力而行,"冒险"必须建立在经济实力和市场分析的基础上。1988年年底,沈文荣做出改变沙钢命运的又一个"冒险"决定:用全部家当从英国购买一条75吨超高功率电炉炼钢、连铸、连轧短流程生产线,生产螺纹钢,这可谓"背水一战"。因为这套代表国际高科技先进水平的生产线,即便是国内大钢厂也无人问津,冶金行业众多权威也表示反对。但沈文荣决心已定,他对部下说:"要创业就要有抢和拼的劲头,机会稍纵即逝。假如这个电炉项目引进失败,就把它作为展览品,我去卖门票!"沈文荣的决定是对的,这个设备使生产能力翻了一番,且与国际先进水平的距离缩短了 20 年。1991 年,生产线正式投产,适逢中国经济建设的又一个高潮,钢铁市场产销两旺,而沙钢的成功也被国内钢铁行业称为"中国钢铁工业第三次革命的样板"。

(三)开疆拓土

1996 年,追求卓越的沈文荣眼疾手快,再次拍板,总投资 2.2 亿美元,引进德国、美国、瑞士等著名公司的主体设备,兴建亚洲第一座 90 吨超高功率竖式电炉炼钢、LF 精炼、连铸、连轧高速线材生产线,使人均产钢量迅速达到 800 多吨,高于世界平均水平。沈文荣历次从境外获得的东西,不但使沙钢的产品线更丰富、产品更高端,同时,产能到了他手里,往往都会比预计的要上一个台阶。无论是购买国外生产线,还是收购国内钢铁公司,沈文荣始终坚持用"小企业"的灵活性对其进行技术、管理上的改造,从而在效率上胜过竞争对手。沈文荣说:"一个企业,往往是人家做不到的,你做到了,你就有了超越别人的竞争力;别人能做到的,你也做到了,不能叫竞争力。"

2001 年,沈文荣谋划进入产品档次较高、利润也较丰厚的板材市场时,传来了霍施钢厂因为成本高昂失去竞争力而准备出售的消息。沈文荣如获至宝,迅速飞赴多特蒙德实地考察。蒂森克虏伯是世界第九大钢铁公司,生产的汽车用板深冲钢等主要产品在欧洲享有盛誉,被奔驰、大众等公司广泛采用。而在当时的中国,还没有几家企业具备生产汽车用钢的技术。沈文荣想:在离沙钢不远的上海就有德国大众的合资公司,买下霍施钢厂,沃尔夫斯堡设计的轿车仍将采用蒂森克虏伯精湛工艺生产的优质钢材,当然,整个制造流程从此将在中国的长三角展开。经过艰苦的谈判,沙钢以 2.2 亿元人民币买下了霍施钢厂的整套流水线。随后,千余中国工人开进多特蒙德,仅用一年时间就将总重达 25 万吨的设备外加 40 吨详尽解释重新组装过程的文件搬回沙钢。这个被称为"欧洲战后历史上最大的工业搬迁",比蒂森克虏伯公司原先预计的时间整整提前了两年。在沙钢海力码头,沈文荣聘请世界著名工程设计和冶金公司"奥钢联",对搬回的钢厂做了整体的设计、评估、改造,合计投入近 200 亿元人民币,用 4 年时间建成了一个年产 650

万吨的炼铁、炼钢、连铸、连轧项目。而新上一条这样相近规模的生产线，建设周期要 8 年，总投资至少要 300 亿元。

通过引进、消化、吸收再创新，沈文荣使沙钢的技术装备水平迅速与国际接轨。但是，沈文荣说，"没有自己的核心技术，就不可能建成世界一流企业。现在江苏钢铁产能已经接近韩国的规模，但韩国的钢铁研发能力比我们要强得多。"从不服输、永远追求卓越的沈文荣果断决策，第一步拿出 5 亿元组建江苏（沙钢）钢铁研究院，聘请国际钢铁界权威人士、日本著名钢铁专家江建俊彦担任院长，同时面向国际范围延揽研究人员。今后，沙钢的企业技术中心和博士后工作站主要从事"移植性"研究，而研究院则从事超前性、原创性开发，抢占世界钢铁技术的制高点。

"在寸土寸金的苏南，沙钢的发展受到土地、环境等方面的制约，不可能再继续扩大生产规模了。企业要进一步发展，只有走收购、兼并、重组之路。"重组苏北最大钢铁企业淮钢集团，是沈文荣朝着做大"钢铁王国"梦想迈出的又一关键步伐，也是以自我滚动发展为主的沙钢第一次实施大规模并购。沈文荣说，今后，沙钢本部主要是做强做精，拉长产业链，提高产品档次，做大规模主要靠并购重组。如今，沙钢加快智能化无人工厂建设步伐。硅钢车间获评"江苏省示范智能车间"，能源动力管控中心、环保管控平台、焦化管控中心等智能控制平台相继投用，"高端线材全流程智能制造新模式应用项目"通过专家组验收，200～300 个岗位已实现智能机器人代替。沙钢主导产品涵盖普钢、优钢和特钢各大类产品，形成 150 多个系列、14 000 多个品种、6 000 多个规格，产品广泛应用于航空航天、国防军工、核电、石油化工、轨道交通等领域，一大批高端"沙钢造"及特殊钢材料擎起国内外重大工程和国家重大战略项目钢铁脊梁。

（四）尚俭戒奢

一个大企业家，学会隐忍是智慧，也是考验，如果没有追求卓越的远大理想，是很难做到的。沈文荣能忍别人难忍之事，将沙钢做成国际知名的大企业，跻身世界钢铁企业巨头，是因为他有一个坚定的产业报国梦。产业报国，打造钢铁行业的民族品牌，这是沈文荣追求卓越一直坚持的宏伟梦想。沈文荣说："贪图享乐的不配做沙钢人，从我做起，沙钢上下必须为下一步的发展继续加速资金积累！'吃光用光'属于自然经济落后的东西。中华民族百年来的屈辱史，注定了我们是必须要拼命去抢时间创大业的一代人，我们想逃都逃不脱！临阵脱逃，也可以，但我们会被子孙后代骂！"在沙钢人的心目中，已是亿万富豪的沈文荣从来没有想过享受人生，更不会骄奢淫逸，生活仍然勤俭朴素，毫不讲究，终年一身普通衣着，吃着食堂里的粗茶淡饭，住着沙钢总部的公寓房屋。

他请客也很抠门。"不管是什么公司的老板和什么级别的领导，全部在公司行政餐厅里请客，如果你在那里住一周，基本上每人的菜式都不会换。"如果出差，只要在上海、南京等周边地区，他无论多晚都要赶回沙钢然后回家，舍不得住宾馆。如果出国考察坐飞机，他也从来舍不得买公务舱的机票。在沙钢有一个故事广为流传。一次，香港著名冶金专家倪德麟跟沈文荣一同出国，沈文荣照例买了经济舱，大块头的沈文荣挤得难受，只能靠在走廊里。倪德麟问："沈老板啊，你现在也是不小的老板，干吗这样亏待自己？"沈文荣带着他一贯的笑容坦然地说道："能省点就省点，这些都无所谓。"经过这次，倪德麟评价沈文荣是个"天生会赚大钱却永远也学不会消费的钢痴"。

走进沙钢，我们可以看到，其办公区没有丝毫的豪华气派，办公楼甚至有点陈旧简陋。更让人惊讶的是，全厂没有一名清洁工定员，环境卫生工作都是由各部门、分厂、车间、班组按区域划分，实行"三包"，上班前要人人动手，负责搞好包干区的清洁卫生工作。沈文荣以农民式的"从土坷垃里刨食"的精神，扒拉出每一分利润，并把所赚的钱基本都用在扩大再生产上。沈文荣说："沙钢企业发展，个人是要付出代价的，培育竞争力企业也是要付出代价的，沙钢一直在领导班子和职工群众中统一思想，勒紧裤带，要把好钢用在刀刃上，把所有的钱用在技术引进上。"①

沙钢腾飞了，集团现拥有总资产2 700多亿元，职工4万余名，年产钢能力超4 000万吨，位居全球十大钢企第六位。沈文荣除了年龄增长外，基本没有变化。至今，沈文荣自己也说不清楚他每天要工作多长时间。据他的秘书推算，一般每天6点半到达办公室，经常晚上11点多才离开办公室。

---

① 钱志新.百年苏商[M].南京：江苏人民出版社，2013：69 - 70.

他每天都能坚持工作至少 10 个小时,摆弄钢铁是他最大的兴趣。

　　沈文荣是一个有社会责任的、追求卓越的企业家,对社会福利和公益事业从不小气。最近几年,沙钢用于社会福利和公益事业的资金就超过亿元,其在汶川大地震后不久就捐出了 8 136 万元善款。同时,沈文荣也花大价钱治理环境,20 世纪末,沙钢就率先走循环经济之路,自创了煤气、蒸汽、炉渣、工业废水、焦化副产品五大"资源循环利用圈",有效地保护了环境,也产生了巨大的经济效益。沙钢坚持以科技领航,实现了装备大型化、产线专业化、生产自动化、管理信息化,沙钢主要工艺技术装备已经跻身世界一流钢铁企业行列。沙钢将继续紧盯效益、效率和人才三大核心,全面激发生产、贸易、物流、投资、大数据五大主体活力,不断创造和壮大企业竞争新优势,加快推进企业高质量发展,为实现"钢铁强国梦"和"百年沙钢梦"不懈奋斗!

三、徐镜人:千亿药王,护佑众生

　　"求索进取,护佑众生"是江苏扬子江药业集团的企业理念,也是企业当家人徐镜人创业几十年来一以贯之的追求。与徐镜人熟悉的人都说,他始终高举振兴民族医药的大旗,以"国内争第一,国际有位置"作为自己追求的目标,有一种永不满足、开拓创新精神,具备优秀企业家应有的素质。

　　他有这样高的目标追求,就不难理解,扬子江药业集团如何能够由一家名不见经传的作坊式小厂逐步发展为集科工贸一体化、跨地区的国家大型医药企业集团。而在为祖国医药行业建设做出巨大贡献的同时,徐镜人也没有忘记作为一名企业家的社会责任,他拥军抗灾造福桑梓,从 1971 年建厂起,向社会捐资、捐药、捐物累计超过 5 亿多元。徐镜人也因此先后荣获"全国劳动模范""江苏省优秀创业企业家""泰州市突出贡献人物""全国优秀复员退伍军人""极具社会责任的苏商""十大风云苏商"等荣誉称号,并光荣当选第十届、第十一届全国人大代表,多次受到党和国家领导人的亲切接见。

　　但这位历经市场风雨洗礼的传奇式企业家,并不因成了行业排头兵、获得了众多荣誉而沾沾自喜。他说,"我们始终认为,企业发展的最后归宿不外乎两个方面:一是振兴祖国民族医药事业,走向世界;另一方面是取之于民,用之于民,积极回报社会。企业发展离不开和谐,企业发展了更要促进和谐,让企业发展的成果惠及每一个职工和社会百姓,让弱势群体都能感受到党和政府的温暖。"

徐镜人,又一个典型的苏商。

(一)国内争第一

像许多知名的江苏企业一样,扬子江药业集团也是由乡镇小作坊发展起来的。但是,作为一个成功的医药企业,扬子江药业集团能有今天这样的规模,缘于徐镜人对市场脉搏的准确切入,更缘于徐镜人坚忍不拔的创业精神。

1971年,徐镜人从部队复员回来被分配到泰州口岸镇仪表厂工作。当时,江苏很多地方都在办社队企业,创业环境相对宽松。自小对中医感兴趣的徐镜人觉得应该为振兴中医尽一份力,遂说服领导,毅然决然地从仪表厂分离出来,成立一个制药车间,带上募集来的几千元钱和几名工人,走上自己的产业报国之路。从那时起,他就立志要谱写中华医药的神奇篇章。当时车间试产百尔定和百乃定两种针剂,虽然销量不大,但毕竟迈出了成功的第一步。1973年,制药车间有了一块属于自己的牌子——口岸工农制药厂,却险遭"关停"厄运。直至改革开放的春风吹来,挂上了"泰兴制药厂口岸分厂"的牌子后,徐镜人的小作坊才算名正言顺地生存下来。

改革开放后,企业生存环境变得相对宽松,但也开始面对市场化的竞争,此时的徐镜人及时开发了纯中药板蓝根冲剂,并在市场上取得巨大成功,使他赢得了"板蓝根大王"这一响亮的头衔。1985年12月,经扬州市计委批准,泰兴制药厂口岸分厂改名为"扬州市扬子江制药厂",企业从此翻开了新的一页。

1981—1988年,在徐镜人的带领下,扬子江药业产销利连续8年翻8番,并率先在江苏医药行业产值突破亿元大关,成为当时泰兴县、扬州市工业企业的佼佼者。1993年,徐镜人开始二次创业,以巨大的勇气和魄力,对企业实施大刀阔斧的改革,打破了"大锅饭""铁交椅"等人浮于事的现象。到1993年年底,企业实现产值1.5亿元,利税3 000多万元。1994年,经江苏省人民政府批准,扬州市扬子江制药厂正式更名为江苏扬子江药业集团,企业开始了新一轮的腾飞,徐镜人"国内争第一,国际有位置"的目标追求逐渐实现：1996 年起成为江苏省综合效益第一名的医药企业；1997 年起跻身中国医药行业的前 5 名；2004 年起，扬子江药业以逾 80 亿元的销售额成为中国制药行业的销售冠军；2005 年，扬子江药业以 102 亿元的收入蝉联制药行业的销售收入和利润冠军，而且是国内制药行业唯一的年销售收入突破百亿的企业。这一成绩标志着扬子江药业步入了一个新的发展阶段，为企业进军世界医药市场奠定了坚实的基础。

可以说，扬子江药业一路走来，能够取得如此大成就，与徐镜人始终坚持的以下几点策略密不可分：

首先，尊重知识，尊重人才。"要想和知识经济握手，先要和博士握手。"徐镜人常说，扬子江快速发展，最强大的"战略武器"就是依靠科技进步，开展技术创新。作为国家首批创新型企业，企业每年投入销售收入的 5％以上，用于新产品的研发创新。通过多年的创新开发，集团已拥有江苏省新药研究院、国家级企业技术中心、国家重点实验室、博士后科研工作站、中药制药工艺技术国家工程研究中心等多个高层次研发平台。

其次，始终坚持"能者多劳，多劳多得"原则。可以说，扬子江是"能者多劳，多劳多得"原则贯彻得最为彻底的医药公司，而业务员从销售中得到的回报也是远高于行业水平。因此，在扬子江，身价按千万元论的业务员不在少数。"扬子江的业务员之所以能够积极努力地开拓市场，因为他们实际上也是在给自己做。"

再次，严把质量关。应该说，很多企业都重视产品质量，但能够像扬子江这样一以贯之的确实不多。在全国众多制药企业中，扬子江药业集团多次荣登"全国医药工业百强榜"首位。企业有几十个产品的质量达到美国或英国药典标准，固体制剂车间顺利通过欧盟 GMP 认证，头孢固体制剂车间、抗肿瘤固体制剂车间、输液三号车间、水针三号车间 4 个车间的 5 种剂型，通过国家新版 GMP 认证。而这一切的背后是扬子江药业集团对药品质量的高标准。徐镜人常说："在扬子江人眼里，没有什么能击倒我们，唯有质量。质量就是企业的命根子，来不得半点马虎。我们确立'宁可多花钱也要做放心药'的理念，国家只有一个质量月，扬子江药业有 3 月、9 月两个质量月。扬子江药业要生产门类这么多的药，光需要的原料就多达数百种，一个环节都不能搞错，质量如果出问题，那不得了！"

进入新世纪后,扬子江药业集团在强化企业科技创新能力的同时启动实施外延规模扩强战略。先后投资 10 多亿元,不仅在南京、上海、四川、北京、广东建成了海陵药业、海尼药业、海蓉药业、海燕药业、海瑞药业五个子公司,还在总部建设了占地 600 亩的药业城及滨江开发区原料药生产基地。各子公司按照"自主研发、自主经营、自负盈亏"的思路,从泛产品领域延伸到抗肿瘤药、头孢产品、新剂型等专业化产品领域,拉长了产品链,控制了核心技术,研发能力和参与市场竞争的经营能力得到明显增强,有力地提高了整个集团的综合竞争力和产品市场占有率。

(二)国际有位置

当然,"国内第一"不是徐镜人的最终目标,他还是一位民族自尊心极强的企业家,始终把中药推向国际作为一项使命,争取中药以及企业"国际有位置"。他常说:"要在有生之年为中国医药工业做出自己应有的贡献,一定让我们的医药工业走出国门,打入世界,为中国人民争光。"

为了实现"国际有位置"的目标,徐镜人走了一条常人难以理解的路子。早在 2007 年,徐镜人就对媒体说,国际化的路子必须坚持一步一个脚印地自己走,并表示企业将不合资、不上市、不兼并、不接受风险投资、不搞多元化。

这被很多人批为"保守",但徐镜人不这么看,他认为,跨国公司虽然可以帮助中国的医药公司提高国际水平和质量,但中国医药产业的真正的提高要靠自己,很多跨国公司到中国来的目的也仅仅是利用中国的资源。

徐镜人从事医药行业已经超过了 40 年,在看似古板的经营策略下,掩藏的是对中国医药行业的热爱与守望。他说:"或许,坚守不兼并、不上市、不搞多元化原则,在外人看来似乎'不够时髦',但在我们心中战战兢兢恪守的'宁可多花钱也要做放心药'的理念,已成为我们扬子江人的性格标记,也深深地烙进每个扬子江人的心目中。我主张做企业要脚踏实地,一步步往前走。中国制药企业普遍存在战略短视行为,导致许多企业和企业家比较浮躁,一开始就想快速增长,结果形成虚胖,看起来很高很大,实质上营养不良,是浮肿。一旦病症暴发,企业立即垮了。我们不搞多元化、不搞兼并联合,正是为了减少风险,避免背上包袱,以集中精力把医药主业做大做强做精。我们没有上市，不为圈钱，不受公众投资者压力，但我们一直在推行规范化运作。我们没有引进外资或合资，出于一个民族制药企业应有的抱负，我们并不抵制与外资合作，只是在寻求合适的对象、合适的时机。"

据报道，徐镜人曾向外资开出双方各出资 50%，扬子江药业负责合资产品的国内市场销售，合作方把药拿到国际市场去销售，国内国际市场明确分工、不得混淆。对于徐镜人的这个条件，没有外资企业同意。

没人愿意合作，就自己练好内功，一点点向国际开拓。据了解，为取得跨入欧盟市场门槛的"准入证"，扬子江药业早于 2008 年 8 月就启动了欧盟 GMP 认证，并于两年后一次性通过欧盟 GMP 检察官的现场 GMP 检查，拿到进军欧盟市场的通行证——欧盟 GMP 证书。再两年后的 2012 年，扬子江药业生产的 80 万粒奥美拉唑肠溶胶囊正式发往德国。以原创药为主，对药品准入向来"苛刻"的欧盟市场，终于出现来自"扬子江药业"制造的身影。此举表明，视质量为生命、心无旁骛专注药品生产和质量的扬子江药业，已被欧盟高端市场认可，改写了扬子江药业药品销往欧盟市场"零"记录的历史。

对此，徐镜人说，进军欧盟高端市场，把扬子江药业打造成国际化企业，是集团孜孜追求的目标。此次打开欧盟市场的大门，是扬子江药业踏向国际化征程的一次"热身"，"小试牛刀"之后，集团将不断总结经验，全方位与美国 FDA、欧盟 GMP 接轨，"大刀阔斧"地挺进海外市场。

（三）造福社会

据了解，扬子江药业建厂 40 多年来，纳税总额超过 100 亿元，为国家建设做出巨大贡献。但是，徐镜人对社会的付出不限于此。他说："老吾老以及人之老，幼吾幼以及人之幼，和谐是一种大境界，光有企业的'小和谐'是不够的，必须与时俱进，积极推动社会的'大和谐'，在这方面，企业一定不能忘记自己应尽的社会责任。"

因此，徐镜人在努力带领扬子江药业集团向着世界一流制药企业的目标迈进，为振兴民族医药做出贡献的同时救贫扶困，为社会和谐发展做出一份贡献。建厂 40 多年来，累计向社会捐款、捐药、捐物达 5 亿多元，广泛用于赈灾、扶贫、拥军、救济等。

据报道,为了造福桑梓,让企业发展的成果惠及地方百姓,2003年,扬子江药业集团在泰州市高港区成立了扬子江慈善会,用以直接帮扶贫困大中学生、农村贫困户、低保特困户,以及资助农村路道、桥梁建设。

在造福家乡的同时,徐镜人也不忘将大爱延伸到祖国各地。5·12汶川大地震后,扬子江药业在第一时间向灾区捐赠价值2 000万元的药品,以及300万的现金。此外,扬子江药业还启动大型社会公益活动"关爱西部健康行动",向西部11个省、市、自治区送医、送药、送健康,取得了巨大的社会效益。

当然,作为退伍军人的徐镜人也不忘"娘家"部队,自1996年起,每年的八一建军节前夕,都开展向部队捐药慰问活动。此外,中国的医药事业也是徐镜人所关心的,扬子江药业一直支持着中国医药卫生行业科学技术最高奖——"中华医学科技奖"。

徐镜人从自身做起,不忘环境保护。或许你不知道:占GDP总量约3%的制药行业"产出"全国污染总量的6%。这样的数据令从事救人事业的徐镜人感到"脸红",决心从自我开始,为保护环境尽一份责任。"我们要大力发展低碳经济,杜绝高能耗、高排放、高污染,不能以牺牲环境为代价换来规模上的快速上升。"徐镜人表示,近年来,扬子江药业已陆续投入数亿元资金加大环保设施的建设,建立起生产制造过程的环境检测和评估体系,确保污染物达标排放。

四、周海江:不忘初心,砥砺前行

被誉为"太湖明珠"的江苏无锡,是苏南模式的发祥地。闻名全国的引领新苏南模式的周海江(1966—)正是江苏无锡人,博士研究生,"2018十大经济年度人物"。现任中国民间商会副会长,中国企业家协会第九届理事会副会长,红豆集团有限公司党委书记、董事局主席、CEO,中共十七大、十八大、十九大代表,全国工商联第十一届副主席。他曾获得"全国优秀党务工作者""改革开放40年先进个人"等荣誉称号,2017年荣获第六届全国道德模范提名奖,2018年入选中央统战部、全国工商联"改革开放40年百名杰出民营企业家名单"。2021年2月11日,红豆集团董事局主席周海江荣获美国中国总商会颁发的"国际领导力"奖。

（一）与红豆集团同成长

1987 年 7 月，周海江从深圳大学经济管理系毕业，进入河海大学任职。这时其父接手的乡镇企业吸引不了人才，劝他回厂帮忙。1988 年 1 月，本就富有创业激情的周海江毅然辞职，到厂从普通工人做到厂部秘书，再到车间主任。他发现管理漏洞，重新制定车间制度，在他的建议下，工厂推行"干部联绩、技术人员联效、供销人员联利、工人联产"的四制联动等制度，每个人的劳动都与效益挂钩，整改后的企业生机盎然。周海江的加入还带来了新观念。1989 年，厂部采纳周海江创名牌、做广告、注册商标的建议，并引进设备。1991 年，港下针织厂率先跨入亿元乡镇企业的行列，"红豆"成了家喻户晓的名牌、首批"中国驰名商标"。1992 年，江苏省第一家省级乡镇企业——红豆集团有限公司正式宣布成立。

这期间，周海江接受父亲周耀庭的培养，不断面临他与集团的考验。1995 年，周耀庭派周海江参加上海举办的如何搞活国有大中型企业的座谈会，年轻的周海江在会上脱稿汇报，提出"计划经济是由权力划分市场，市场经济是由品牌划分市场"的观点，赢得了中央领导的好评。1996 年，企业实施多元化，周耀庭以百万年薪对外招聘总经理，时任副总经理的周海江不灰心。1998 年，周海江被江苏省委组织部选派到美国马里兰州立大学学习企业管理，在这里他学到了最先进的企业管理经验，开阔了自己的眼界。1999 年，百万年薪招聘的总经理合同到期，刚好周海江学成归国。这时他是全公司学历最高又具有海外教育背景的高级管理人才。回到工作中的周海江，除了大力发展摩托车和电动车业务外，还把美国所学的先进管理经验和企业的发展结合起来，提出了很多有创意的建议。他的能力和成绩得到了集团上下的一致认可。然而，2000 年的一天，周耀庭似乎忘记了"谁做得好，谁上来"的承诺，宣布自己要兼任红豆集团的总裁。周海江满怀的希望又一次落空，但他毫无怨言。2001 年，在周海江的主持下，红豆集团成功上市，周海江作为企业家的优秀素质充分展露，在集团的影响也越来越大。

2004 年 9 月，通过 50 名红豆集团董事的海选，周海江以 49 票高票当选红豆集团新一任总裁。周海江说："'父亲的儿子'是上天给我的额外考验，我是做得最好的，所以才能坐上现在的位置。"2005 年 2 月 7 日，周海江登上

《福布斯》杂志的封面,这是 50 多年来内地服装企业家首次登上该杂志的封面,标志国内服装行业的领军企业红豆集团的发展已经在国际上引起了广泛的关注。

周海江掌权后,以制度引人,每逢新的打算会寻求专家来论证,做很多调研,决策很科学,由此他在员工中威望非常高。随着公司的发展,股权过于平均渐渐成了制约其发展的瓶颈。周海江当选总裁后,为推进股权集中,采取了一系列资本运作。2006 年,红豆股份高票通过股改,企业进入全流通时代。周海江合理合法地完成了红豆集团的管理层收购,成功实现了红豆集团从乡镇企业到民营企业的转型。2007 年 3 月 18 日,在第三届中国服装品牌年度大奖颁奖盛典上,红豆集团获得了中国服装的最高荣誉——成就大奖,同时还获得了商务部评定的"2006 年度最具市场竞争力品牌"称号。2008 年,面对宏观调控、人民币升值、各种成本上升、次贷危机等一系列"内忧外患",红豆加速由生产经营型向创造运营型、资产经营型向资本经营型的转变,积极完善专卖店的连锁体系,进军资本市场。2010 年 6 月,红豆集团被认定为服装界商标战略实施示范企业,红豆品牌美誉度和品牌价值不断提升。2020 年,面对日趋激烈的全球竞争,周海江认为必须加快打造一批具有全球竞争力的世界一流企业,这些企业应具备竞争力强、市场价值大、国际化水平高、社会影响力广等特征。作为中国民营企业的一员,红豆集团也将为此不懈努力。周海江自身成长的同时,"红豆"也在茁壮成长。

(二)诚信为本,八方共赢

作为红豆集团总裁的周海江,把诚实守信确立为企业发展的准则。红豆集团是一家拥有近 3 万名职工、12 家子公司(包括红豆股份 600400、通用股份 601500 两家主板上市公司)、100 多家工厂、年销售额超过 200 亿元,集科研开发、生产制造、全球贸易于一体的大型跨国企业集团。其产品线从针织品扩展到纺织服装、橡胶轮胎、红豆杉大健康和生物医药等领域,多年来一直跻身中国民营企业百强。红豆拥有美国纽约、新加坡、西班牙、缅甸、泰国等境外分支机构。在柬埔寨王国联合中柬企业共同开发了 11.13 平方千米的西哈努克港经济特区,成为"一带一路"的样板。周海江以创民族品牌为己任,已成为全国闻名的成功企业家,常有人请教"办好民营企业最大的法宝是什么?"周海江的回答只有两个字:诚信。在周海江看来,不管是个人,还是企业,诚信都是最好的名片。

企业要发展,必须有足够资金,周海江也和很多同行一样在社会上募集钱款,很快出现还贷困难。为了按照约定还款,周海江连日奔波,不惜以个人的名义找亲朋好友借钱,经过他的努力,"红豆"及时兑付所有集资款,银行更无逾期贷款。这样"诚信"的做法,为"红豆",为周海江本人打造了金光闪闪的诚信招牌。

"八千里路云和月",周海江坚守"诚信"是企业的良心,是企业立足发展的根本,所以从始至终他都十分注重诚信。"红豆"曾接到一位日本客商30万件文化衫的订单,在发货前的抽检中,质检员发现有两件衣服上有细微汗渍,在其他人看来这并不是什么大事,但周海江认为细节决定成败,决不能因微瑕毁了自己诚信的招牌,他当即决定全部拆包,一件件检查,确保万无一失。

2007年,周海江发现公司库存有10万多只内胎含胶率不达标,立即下令当场销毁。轮胎被一刀刀剪掉,企业损失不菲。但正是这掷地有声的决定,让企业上下接受了一次深刻的诚信教育,进一步树立了精益求精、质量为本的品牌信誉。此后,轮胎板块的产品合格率始终保持行业前列。

周海江以诚立身、以诚兴业,生动诠释了一名民营企业家的责任担当。尽管如此严把质量关,给企业造成了一些损失,却保住了"诚信"的口碑。正是靠着这种口碑,"红豆"的生意越做越大。自建厂以来,"红豆"的企业资信一直保持为 AAA 级,更是多次被评为省级重合同、守信用单位。"红豆生南国,春来发几枝",如今的红豆集团在周海江的手中,正在走出苏南,走出中国,走向世界。已经富起来的周海江,继续锻造红豆集团在国际上的"诚信招牌"。

红豆集团以"实业报国,八方共赢"为使命,积极履行社会责任。2007年1月,个人所得税自行纳税申报制度实施,周海江带领集团25名高层管理人员成为当地自行申报纳税的第一批个人。哪怕遇到再大的困难,周海江也从不违背"诚实守信"的原则。2008年全球金融危机爆发,红豆集团公开宣布:不减薪、不裁员。2017年以来股市低迷,周海江及控股集团持续增持,绝不恶意套现而损害股民利益。周海江承诺多为集团近 3 万名员工谋利益办实事。

周海江始终秉持"诚信共赢、成果共享"的理念，积极响应国家号召走出国门，赴柬埔寨参与建设"西哈努克港经济特区"。为赢得当地群众信任，周海江要求企业必须信守承诺。他安排人员走乡访村，向村民保证：每人三个月能赚回一头牛。经过 10 年开发，上百家企业入驻特区，提供 1.6 万个就业机会，很多岗位一个月就能赚回一头牛。周海江至诚至信办实事，让西港特区成为响应"一带一路"倡议的探路者和践行者。他和西港特区公司还积极捐资助学、帮弱扶困，改善当地交通和卫生条件，向当地百姓兑现了"日子越来越好"的承诺。

周海江不忘初心，心系公益事业，除了设立红豆慈善基金以外，还个人出资 2 000 万元成立了无锡红豆关爱老党员基金会，与父亲周耀庭共同出资 2 000 万元成立无锡耀庭慈善基金会。他个人捐款 300 万元，在汶川地震灾区设立了"七一红豆奖学金"。迄今，红豆集团已累计向社会捐款捐物 5.5 亿元人民币，用于救灾、扶贫等公益慈善领域。2020 年，周海江个人交纳 1 000 万元，用于抗击疫情，带领红豆集团积极转产防疫物资，支援国内抗疫一线；也在海外抗击疫情中积极作为，向柬埔寨捐赠 100 万只口罩，向美国中国总商会以及海外客户、海外学子等陆续捐赠口罩和防疫用品，为全球抗击疫情做出了积极贡献。

（三）新苏南模式的引领

随着时代的发展，很多人都认为"苏南模式"已经终结，但红豆集团却用自身的实践证明"苏南模式"没有消亡，而是以一种新的方式在延续。红豆集团不仅是"苏南模式"的代表，更是"新苏南模式"的领跑者。周海江认为，新苏南模式就是"现代企业制度＋党建＋企业社会责任"。

红豆集团的现代企业制度改革始于 20 世纪 90 年代初。当时，因为产权不明，曾经缔造了红豆集团初期辉煌的集体经济体制，成了横亘在红豆集团和现代企业制度之间的沟壑。在周海江的建议和推动下，1992 年，红豆集团顶着巨大压力开始股份制改革，采取股权开放措施：所有高层必须拿出 20 万元以上，才能保住高层的位置；普通职工可以自愿入股，没有上限。这样一来,就保证了所有高层必须以集团利益为决策出发点,而员工入股之后成为企业真正的主人,极大地提高了生产积极性。同时,红豆集团"四制联动"、内部市场制、母子公司制和效益承包制等也为其现代企业管理制度的完善奠定了基础。

股份制改革是对苏南模式新的探索,为红豆集团迎来了持续的辉煌,探索相当成功。周海江对现代企业制度有个经典言论:"衡量一个企业是否为现代企业,除了看其是否拥有健全的体制和机制,还要看企业的关键岗位是如何取得的,如果是靠制度取得的,这个企业的现代化程度就高,反之就低。"2004年,他通过海选当上红豆集团的掌门人,他的当选可以说是红豆集团在现代企业制度上的又一重大进步。2006年,周海江完成红豆集团的管理层收购,标志着企业已经完成从乡镇企业到民营企业的转型,成功确立了现代企业制度。[①]

接着,公司深入实施创新驱动战略,大力推进"智慧红豆"建设,通过技术创新、营销创新、模式创新等系统创新,不断推动公司进化升级高质量发展。依托国家级技术中心、国家技术创新示范企业,布局物联网、工业互联网,被工信部核定为工业互联网平台试点示范项目。通用股份全钢工业4.0工厂、泰国工厂已投产,半钢硫化车间已达到黑灯车间运行。

一个成功的企业不仅要有现代化的制度与技术,更要有其独特的品牌文化,作为服装企业,品牌格外重要。对此,周海江有很深刻的认识,他说:"品牌的一半是技术,另一半是文化。"故红豆集团尤为重视品牌文化的建设。1985年6月,成功注册第一个商标"红豆",随即在全国34大类商品、54个国家与地区进行商标保护性注册。现有"红豆""千里马""HOdo"三个"中国驰名商标"。红豆集团旗下拥有"红豆男装""红豆家纺""红豆童装""红豆万花城"等系列连锁品牌。公司以党建引领先进企业文化,精心策划了"红豆·情人节"、二十万元征集"当代王维红豆诗"等一系列活动,矢志不渝地弘扬传统文化。集团首倡红豆七夕节——中国情人节,经过二十年坚守,被中宣部等七部委列为"我们的节日"。2020年8月5日,世界品牌实验室公布中国500最具价值品牌排行榜,红豆品牌位列79位,品牌价值635.95亿

① 钱鹏飞. 苏商领袖[M]. 北京:机械工业出版社,2009:18.

元。周海江引领红豆集团将品牌与中国传统文化相结合，推动它向"中国第一文化品牌"的目标前进。红豆集团的高明之处还在于它并没有止步于这些自身的制度与文化建设，而是顺应国情和政策，大力推进企业内部的党建工作。

公司是全国先进基层党组织，创造了"一核心三优势"党建经验，"一融合双培养三引领"党建工作法，"五个双向"的党建工作机制，首创了"现代企业制度＋企业党建＋社会责任"三位一体的中国特色现代企业制度。中组部向全国发文推广红豆集团党建工作经验。2019年7月，红豆集团的《强化党建引领、确保两个健康》经验，入选了中组部编印发行的"不忘初心、牢记使命"主题教育案例丛书，这是唯一入选的民营企业党建案例。

作为十九大代表，周海江能够结合社会背景准确地将理论应用于实践。他提出建设民营企业"红色品格"和"绿色品格"的理论。所谓"红色品格"就是树立产业报国、守法经营的理念，坚决贯彻党和政府的方针政策，强化党的组织建设，发挥党的政治优势；而"绿色品格"则是坚持科学发展、和谐发展、生态发展，强化社会责任，做到"环保优先""环境友好"。这一理论不仅顺应了国家建设和谐社会的要求，还体现了一个大企业负责任的态度。红豆集团把"产业报国，共同富裕"作为企业的宗旨。他们除了向社会捐款、捐物，还购置近30万元的污水处理设备，积极参与太湖治理工程，切实为改善地方环境贡献自己的力量。周海江说："企业的终极目标不是追求利润的最大化，而是追求社会价值的最大化，是为了人类的生活更美好。"几十年来，红豆以自身的努力深化了"苏南模式"的内涵，并以自己的成功引领了"新苏南模式"的延续发展，以现代化的企业制度确保企业的健康发展；通过企业党委建设，正确引导企业方向，贯彻落实党的各项方针政策；勇于承担社会责任，追求企业与社会、发展与环境的和谐，这是周海江对"新苏南模式"的全面解读。[①]

红豆集团的健康发展，除了诚信，还得益于始终坚持以自主创新为核心，得益于与国际接轨的战略规划。周海江凭借全球视野和对产业转型与升级的全面见解，带领红豆集团积极开拓国际业务，打开了直接面向国际市

---

① 钱鹏飞. 苏商领袖[M]. 北京：机械工业出版社，2009：19.

场的窗口。目前,红豆已经在美国、西班牙、新加坡、泰国、柬埔寨等国家和地区设立了分公司和办事处,积极参与国际合作与发展。追求卓越的周海江不忘初心,朝乾夕惕,正努力带领红豆集团向世界一流企业,向"千亿红豆、智慧红豆、美丽红豆、幸福红豆"这个目标砥砺前行!

五、蒋锡培:超常发展,授人以渔

河流湖荡密布、资源丰富的宜兴,英才辈出,有 400 多位进士,26 名两院院士,上百位大学校长诞生于此。这么一个人杰地灵之处,正是蒋锡培(1963—)出生的地方。蒋锡培是远东控股集团创始人、董事局主席、党委书记,管理学博士,全国劳动模范,他是 CCTV 中国十大经济年度人物、中国企业改革与创新十大风云人物、中国十大民营企业家、中国十大民生人物、全球华商十大首善、全球华商领军人物、慈善企业家……获"全球杰出华商奖、蒙代尔世界经理人成就奖、亚太最具创造力华商领袖奖、亚洲品牌创新人物奖"……曾受到习近平、江泽民、胡锦涛、李克强等党和国家领导人亲切接见。

(一)制度创新,超常发展

企业创新是多方面的,对远东控股集团而言,制度创新特别关键。蒋锡培的五次审时度势的改制创新,彰显了他作为企业家的创新精神、远大抱负和敏锐洞察力,也使公司迅猛发展,超常发展,为公司基业之树常青奠定了重要基础。

第一次改制:民营企业改为乡办企业,完成原始积累。1980 年,蒋锡培去杭州学艺开钟表店,不到一年赚了 5 万元,自信和创业的激情被激发了。1985 年,他带着二三十万现金回乡办仪表厂,亏了三四十万,他不服输,冒险做电缆生意。1990 年,他不但还清了债务,还赚了 100 多万元。范道乡党委书记张伯宏邀请他办厂,于是,蒋锡培筹资 180 万元,带着 28 位亲朋好友,在范道乡创办了远东控股的前身"范道电工塑料厂"。公司成立当年销售收入 462 万元,第二年销售收入达 1 800 多万元,成为一家初具规模的企业。这时国家给乡镇企业一系列的优惠政策。1992 年年初,民营企业改为乡办企业,更名为无锡市远东电缆厂,蒋锡培把积累的约 500 万元的资产划归乡集体所有,成为宜兴市改制的第一人,改制为企业赢得资金支持和税收优惠。改制当年,企业的销售额突破5 000万元,1994年销售额超过1.5亿元,企业总资产达5 000万元,是改制前的10倍,成为宜兴最大的企业。[①]

第二次改制:乡办企业改股份制企业,实现资本扩张。乡办企业经营了3年,存在产权不清、职责不明、员工积极性不高等问题。为了革故鼎新,1995年年初,远东采取定额认购和自愿认购的方式,募集1 350万元内部员工股、100万元集体股,成功地把乡办企业改为股份制企业。1996年,内部员工股增扩到4 500万元。员工与企业共命运,他们降耗节能,奋力拼搏。1995年、1996年两年利润同比分别增长182.8%和126.5%。[②] 1996年,远东总资产2.5亿元,销售收入是改制前的3倍,改制形成年产线缆25万千米、产值8亿元的生产能力,企业实力空前壮大。

第三次改制:变股份制为混合所有制,追求规模效益。1996年,蒋锡培得知华能、国家电网等国企有意寻找配套的电缆电线生产企业,喜出望外,先后9次进京,历经一年多共16次的谈判,终于达成合作意向。四大国企专门聘请北京的会计师事务所对远东进行长达半年的评估审计,结果净资产多了700万元,这让国企提高了投资远东的信心。1997年4月,中国华能、中国华电、国家电网、江苏电力四大国企与远东合作合资,建立第一家混合所有制企业——江苏新远东电缆有限公司。之后,四大国企获得丰厚回报,远东让出控股权,掌握市场主动权,把国内最大用户、最有实力的企业变成自己的股东,从而迅速壮大成为行业第一。

第四次改制:回购股份,变混合所有制为民营股份制。混合所有制运营5年,存在决策效率低等弊端。远东抓住电力行业主辅分离改革的机会,2002年年初,回购68%的国有股和7%的集体股,再度民营化,成功改制为注册资本3亿元的江苏远东集团有限公司,接着,明晰产权制度,健全董事会、监事会,成了真正的民营企业集团。截至2011年年底,蒋锡培持股占远东的60.8%。蒋锡培认为,建立健全法人治理结构,孕育着中国最先进、最具能动性的企业组织模式。

---

① 钱志新. 百年苏商[M]. 南京:江苏人民出版社,2013:217.
② 同上引.

第五次改制:实现重大资产重组,电缆产业整体上市。再度民营化的远东面临微利的挑战,这时万象、复星等民企通过资本市场发力收购,不断壮大,冲击着蒋锡培,与资本市场嫁接成为远东第五次改制的必由之路。2002年,远东成为三普药业的第一大股东,控股三普药业。2010年,三普药业向远东定向发行股份,购买远东子公司远东电缆有限公司、江苏新远东电缆有限公司、远东复合技术有限公司的全部优质资产,从而实现远东电线电缆产业的整体上市。[①] 第五次改制的成功,推动企业实现新的跨越式发展。

目前,作为以电线电缆、医药、房地产、投资为核心业务的远东控股集团有限公司,拥有员工近10 000人,资产160.45亿元,品牌价值810.18亿元,年营业收入近500亿元,入围"亚洲品牌500强""中国企业500强""中国民营企业500强""中国最佳雇主企业",公司电缆业务产销连续14年位居全行业第一。

(二) 集团战略,和灵文化

远东控股集团有限公司始终坚持以"创造价值,服务社会"为使命,以"共建共享安全、绿色、美好生活"为愿景,坚持以客户为核心,以奋斗贡献为本,树立"诚信务实、创新创优、和灵共赢"的价值观。远东努力构建先进思想理念主导发展的文化优势,坚信学习力就是竞争力,形成了多层次、多形式的培训体系,每年在培训方面的投入超千万元,年培训近万人次。除培训外,每周一进行《自律宣言》,内容包含价值理念、道德品质、思想作风、工作方法等多方面,彰显和灵文化的内涵,强化员工的自律意识,培养良好的工作作风。通过培训与宣言,整个队伍的总体素质不断提升,形成独具特色的"和"与"灵"文化。

所谓和灵文化,即倡导和谐共赢、灵活创新,以"和"为本,以"灵"为术,以品绩兼优者为中心,强调"和"与"灵"的有机结合,有效利用"灵"术创造"和"本的关键人群——"品绩兼优者",并给予充分肯定和激励。具体如下:

"一人进远东,全家远东人"——和气的内部关系。即为员工搭建人才

---

① 钱志新.百年苏商[M].南京:江苏人民出版社,2013:220.

实现价值的平台,构建人力资源增值的机制,创造各种条件激励和凝聚员工,并让员工共享企业发展的成果。远东集团的人才战略是"尊重人,培养人,成就人",让员工及家属融入公司的经营理念,是远东集团人力资源的战略目标。

"一握远东手,永远是朋友"——和睦的客户关系。即坚持用户至上,创造世界名牌,让客户满意,为顾客提供优质的产品和服务。提升顾客价值,是远东的经营宗旨,"以客户为中心"是企业经营的永恒法则,其实质就是"超越用户期望,创造世界名牌",实施远东集团"使客户满意的战略"。远东的做法:一是在全体员工中树立全心全意为客户服务的观念;二是建立起满足客户要求、体现以客户为中心的运行机制;三是建立起以客户为中心的售后服务体系。

"一心创伟业,诚信谋发展"——和谐的社会关系。即把客户、员工、股东、政府和社会满意作为企业永恒的追求目标,致力于在经营的领域取得世界领先地位,成为世界一流企业。这既是远东集团经营和发展的总体战略,也是企业得以生存的前提条件。一方面,远东始终恪守造福社会、守法经营的原则,为国家上缴利税数亿元,把当地近 2 000 名农民转化为现代企业的产业工人,减缓政府面临的就业压力。另一方面,企业在经营过程中非常注意环境保护,追求人与自然的和谐统一。衡量民营企业是否成功,不仅要看财务指标,还要看获取财富的手段、方式和财富的流向。民营企业只有做到企业效益和社会效益的和谐统一,才能真正实现企业的健康持续发展。

"一年企业靠运气,十年企业靠经营,百年企业靠文化。"当今,企业最高层次的竞争已经不再是人、财、物的竞争,而是文化的竞争,一流的企业文化能够锻造一流的核心竞争力,一流的核心竞争力又能铸就一流的企业。蒋锡培指出:在远东这样利益牵涉面广、内外环境复杂多变的企业,保持和谐、均衡的各种关系是企业稳定的基础;同时企业在发展壮大中必须要不断调整自己,抓住机遇,灵活应变。这就是远东 35 年来成功演绎的"和"的哲学与"灵"的艺术。

在企业文化已成为现代企业发展灵魂的当今时代,远东是备受员工热爱、备受社会尊敬的企业,再度成为中国民营企业中的一枝奇葩,远东是"全球成长型公司社区"创始会员、"全国用户满意企业""中国最具竞争力大企业集团""中国诚信经营企业""全国守合同重信用企业"以及"中国质量服务信誉 AAA 级企业",远东集团已经是六次蝉联"江苏省文明单位"的重量级企业。

(三) 回馈社会,授人以渔

远东集团总是以感恩的心态自觉地回馈社会,蒋锡培认为真正的慈善是授人以渔,所以,他向弱势群体特别是残疾人伸出热情的援助之手,成为勇担社会责任的典范。2007 年 5 月 17 日,是远东控股集团慈善与公益事业具有里程碑意义的日子。当日,远东控股集团出资 8 296 万元在京发起成立了中国首家最大规模的定向资助残疾人就业培训的非公募性慈善基金会——远东慈善基金会,旨在帮助属于社会弱势群体但奋发不息的残疾人,通过卓有成效的就业培训和岗位培训,帮助他们实现自己的梦想,推动社会公益和社会文明的进步与发展。

远东慈善事业取得的成绩,不是一蹴而就的。蒋锡培于 1990 年创业时就吸纳 2 名残疾员工,当时他们的想法很朴实,就想能有一碗饭吃。蒋锡培开始走进残疾人和他们的家庭,了解了他们的喜怒哀乐,知道这个社会上还有很多的残疾人需要大家的关怀和帮助,从此跟残疾人结下了不解之缘。35 年来,远东持续关注残疾人事业,先后安置了 2 000 名残疾员工,接近员工总数的四分之一,如今已成为中国安置残疾员工最多的民营企业。蒋锡培专门制定了一项制度:凡是残疾人能够胜任的岗位,必须优先安排残疾人。有人算粗账:残疾员工生产的次品比普通员工多得多,每年造成的损失就高达几千万元,加上额外的培训费用,企业损失非常大。但蒋锡培认为,给别人一份工作,一份获得社会尊重的满足,这样的价值不是金钱可以衡量的。

在父母的教育下蒋锡培从小就懂得善良的含义。幼年的蒋锡培多次看到父母把饭菜让给上门的乡亲吃,自己却饿着肚子。家里买了全村第一台彩电,父母拿来与全村人共享。耳濡目染,蒋锡培也像他的父母一样愿意用自己的力量去帮助更多的人。他说:"残疾人生活在社会的最底层,是弱势群体中的弱势群体,他们也许身残智残,但他们同样有生活的期望,有接受教育、就业和被人尊重的权利。我们不仅需要给他们一碗饭吃,还需要给他

第五章 现代苏商 各领风骚

们生活下去的希望和做人的尊严,他们完全可以通过自己的努力实现自己的价值,并且得到社会的认可。"①

　　然而,残疾员工的管理并不容易,会出现很多正常人无法想象的问题。有一次,一名残疾员工在岗位上睡觉,产品做坏了,公司对他罚款处理,他不服,几次找蒋锡培哭闹。蒋锡培总是反复讲道理,付出比常人更多的心血。蒋锡培常说:"保证他们有良好的收入和福利,将他们培养成对社会有贡献的产业工人,这是我们长期的工作。"在远东的残疾员工的待遇全部与正常员工相同。然而,一个企业的力量是有限的,所能吸纳的残疾人士也非常有限,虽然远东是目前全国安置残疾员工最多的民营企业,但相对于占全国人口6.7%的残疾人来说,毕竟还是极少数。为了进一步推进残疾人救助事业,蒋锡培成立了远东慈善基金会。

　　这些年来,远东除了安置残疾人就业,还以援建希望小学、博爱卫生站、设立奖学金、助学金,以及向慈善机构捐款等方式,广泛参与教育、文化、卫生等慈善与公益事业。这些活动极大地提升了远东的知名度和社会影响力,同时也彰显了远东的社会责任。蒋锡培先后荣获"慈善企业家""2007十大社会公益人物"等称号。2008年7月30日,亚太华商领袖论坛在海南省博鳌召开,来自30多个国家的华商社团首领、亚太知名华商领袖、中国知名企业代表近500人出席了论坛。在论坛上,蒋锡培以他对社会的建设和回报,荣获"2008亚太最具社会责任感华商领袖"称号及"亚太华商领袖论坛卓越贡献奖"。

　　和灵融合,海阔天空!以蒋锡培为首的远东人,稳中求进,进中拓展,目前已布局智能缆网产品和服务、智慧机场/能源系统服务、综合能源服务、智能汽车动力及储能系统和产业互联网五大业务板块。公司旗下远东股份(股票代码600869),致力成为全球领先的智慧能源、智慧城市服务商。祝愿远东早日建成现代化、国际化、绿色化、规模化的企业!祝愿远东为社会、为他人奉献最大爱心,向着国际一流企业的目标奋力前行!

----

① 钱鹏飞.苏商领袖[M].北京:机械工业出版社,2009:104.

 情境案例

以"我最喜欢的现代苏商"为题开个座谈会

服装专业的吴××同学:我最喜欢红豆集团总裁周海江,他在公益慈善方面做得很好,个人出资2 000万元成立了无锡红豆关爱老党员基金会,与父亲周耀庭共同出资2 000万元成立无锡耀庭慈善基金会;汶川地震,他个人捐款300万元,迄今红豆集团已累计向社会捐款捐物5.5亿元人民币。

老年保健与管理专业的杨××同学:我最喜欢远东控股集团的创始人蒋锡培,他授人以渔,关注弱势群体,走近残疾人,知道这个社会上还有很多的残疾人需要大家的关怀和帮助,先后安置了2 000名残疾员工,接近员工总数的四分之一,如今已成为中国安置残疾员工最多的民营企业。

通信工程专业的刘××同学:我最喜欢"钢铁之王"沈文荣,我欣赏他尚俭戒奢,已是亿万富豪了,还是那样勤俭朴素,没有铺张浪费。如果出差,只要在上海、南京等周边地区,他无论多晚都要赶回沙钢然后回家,舍不得住宾馆。如果出国考察坐飞机,他也从来舍不得买公务舱的机票。

空乘专业的窦××同学:我最喜欢波司登股份有限公司董事长高德康,他是农民致富带头人,他是从中国乡村走出的"世界冠军"。他富贵不忘乡亲,做了一件让全村老少一辈子都记得的好事——在家乡建设康博苑,326栋漂亮宽敞的现代化庭院式别墅落成,全村400多户、1 500多名农民住进了"小洋楼"。

……

案例评价:

座谈会主持人非常满意地总结道:"我很欣赏同学们舌灿莲花、口若悬河、妙语连珠、语惊四座的发言,我从你们喜欢的苏商和喜欢的'点'上,感觉到你们把握了苏商的精髓。我很高兴你们的欣赏点在精神和能力方面,吴××同学喜欢的是周海江的奉献精神;杨××同学佩服蒋锡培授人以渔,关注弱势群体;刘××同学提倡尚俭戒奢;窦××同学最喜欢波司登董事长高德康富贵不忘乡亲,为全村农民盖别墅……希望同学们将来无论追求平

淡实在,还是飞黄腾达,都能在暗夜里看到曙光,都能透过萧瑟见到葱绿,都能从迷雾中找到方向,都要以那些有作为、有贡献的苏商为榜样,活出自己诗意精彩的人生!"

高德康成功的故事

2007年1月20日,"2006 CCTV 中国经济年度人物"评选揭晓,波司登股份有限公司董事长高德康众望所归,榜上有名。评奖委员会给他的颁奖词是:"在冬奥运上,他的服装与中国健儿一起打破零的纪录;在全球市场,他保持多年世界纪录。他是农民致富带头人,他是中国乡村走出的世界冠军。"作为中国羽绒服行业的领军人物,高德康的创业人生充满传奇色彩,有三个拐点引人注目。

一、从小裁缝到大老板

在波司登总部,有一所国家二级档案馆,也是全国唯一报国家档案局登记备案的民营企业档案馆。馆里陈列的物品很多,但最引人注目的是一台锈迹斑斑的缝纫机和一辆破旧的"永久"牌自行车,这是镇馆之宝,也是高德康起家之本,它们见证了一个羽绒服业巨无霸企业的诞生。

高德康原是江苏常熟白茆镇山泾村的一个农民,贫困的家境使他只读完小学就辍学在家,好在他有一个有裁缝手艺的父亲,聪颖好学的高德康跟着父亲学做衣服,学得一手绝活。几十年后,在中央电视台"2006 中国经济年度人物评选财富论坛"的演播现场,高德康作为嘉宾接受了财富论坛主持人陈伟鸿的"刁难",为节目观察员之一的中央电视台节目主持人董卿女士在现场用10分钟时间制作了一件礼服,赢得了满堂喝彩。

1976年,高德康带领11个农民成立了一个小小的缝纫组,自任组长,资产是8台家用缝纫机和一辆永久牌自行车。波司登的光辉历程就从这8台缝纫机和一辆自行车开始起步了。那时候,高德康靠给上海一家服装厂加工服装赚钱,每天要从村里往返上海购买原料,递送成品。从村里到上海南市区的蓬莱公园,有100千米的路程。每天天没亮,高德康就骑上他那辆永久牌自行车上路了。在那条坑坑洼洼的沙石路上,高德康以每小时 20 千米的速度"狂奔",去时带上加工好的 100 千克重的服装,在上海跟厂家联系业务大概需要 5 个小时,之后再驮上上百千克的原料,连夜返回村里。来回 15 个小时,渴了,就喝口凉水;饿了,就啃口干粮。回到家里,人都像散了架。但无论刮风下雨,高德康总是当天赶回村里,因为他心里明白,村里正有 11 个弟兄在等米下锅。

由于高德康每天要跑一个来回,自行车骑了几次不是胎爆,就是轮子变形,在那个年代,自行车对于一般人来说还是一件"奢侈品",算来算去,他只好去挤公共汽车。而那一段经历,也让高德康领受了一辈子都无法忘却的屈辱。高德康挤车时通常是在上班高峰期,那时候上海的公交车挤得不得了,所以每当他拿着扁担、背着货包好不容易挤上公交车时,都会累得满头大汗。那段时间,车上的人闻到他一身臭汗,还会把他推下去。有一次他被车上的人推搡,把腰都扭伤了。

而伴随着挤公交车的那段经历,高德康感悟到了,做生意"龙门"要跳,"狗洞"也要钻。大将韩信尚且能受胯下之辱,没办法,为了生存,为了养家糊口,必须受住委屈。所以,有一次看着公交车渐渐远去,高德康脑子里又浮现出车上乘客那种鄙夷的眼神时,无助的高德康在心里暗暗发誓:将来,我一定要开一个很大的工厂,在上海立足,让别人刮目相看。

正是在这种心理的鞭策下,1980 年,高德康正式成立了山泾村服装厂。尽管没有品牌,但是凭借良好的信誉和质量,高德康还是拿到了来自上海的来料加工订单。然而这家上海企业一开始就为难高德康,把最难的活交给了他:做中式棉袄罩衣,中西式罩衣,盘各种花钮。他自己还得接受这家上海厂的考试,考试合格了,才给他做。但这些始终都难不倒高德康。他下了这样的狠心:越是难的东西,就越当作一门新的技艺去挑战,去学习,等完成了,别人也就知道了你的能耐!

冬去春来,条件好转以后,高德康买了辆摩托车。鸟枪换炮后的他更加"疯狂"了:一天往返常熟、上海两地,最多时有 3 个来回。如此年复一年,经历了 5 年的雨打风吹,用废了 6 辆摩托车后,高德康终于有了自己的第一辆汽车——法国标致牌小货车,而高德康的小作坊也正式开始由来料加工向贴牌生产转变。1984 年,高德康开始为上海某品牌加工羽绒服。第一次做羽绒服，他就敏锐地觉察到了这个市场的潜力之巨大。首先，羽绒服是冬季必须要穿的，但是那一时期的羽绒服穿上显得臃肿，不具备时尚、休闲的特点，高德康心里悄悄埋下了一粒种子，积蓄能量，等待发芽。

过硬的产品质量，让上海的企业对高德康刮目相看，订单数量逐年增加。5 年后，高德康这棵旁枝竟然压过了主干，80 个人的工厂能做其他企业 240 个人的活；与此同时，上海天工服装厂也找上门来，高德康便以每年 15 万元的品牌使用费开始为天工服装厂加工秀士登牌羽绒服。这样，不到两年，高德康的企业经过发展更名为常熟市康博工艺时装厂。

1990 年，高德康斥资 150 万元建起了康博的第二幢厂房和办公楼。同年，高德康做出了关乎企业走上成功之路的关键决策，正式注册了日后闻名世界的品牌——"波司登"。此后经过一年时间，时装厂就赢利 1 100 万元。1992 年，高德康抓住邓小平南方谈话带来的机遇，大胆决策，先后投入 2 000 万元，在白茆镇工业开发区兴建了占地两万平方米的厂房和办公大楼，引进了较为先进的生产流水线，使公司的生产规模和生产能力一下子扩大了四倍。一座现代化羽绒服生产基地初露端倪。在此基础上，高德康的工厂在 1993 年赢利 2 500 万元，并再次更名为江苏康博集团公司，高德康出任董事长，他成了大老板。

然而，到了 1994 年，尽管这一年的冬天特别寒冷，却比不上波司登刚刚入市就遭遇到的一场前所未有的"寒冬"！波司登工厂这一年生产的全部 23 万件羽绒服在冬天快要结束的时候仅卖出了 10 万件，其余的全部积压在仓库里。更为雪上加霜的是，银行的 800 万元贷款又上门催账了！高德康心急如焚。"该怎么办啊？难道波司登就这样死掉吗？几百名职工的饭碗就这样丢了吗？我不甘心！"整整一周的时间，高德康把自己关在房间里辗转反侧，彻夜难眠，每天早晨起来，衣服都被汗水湿透了。

"当时，真是跳楼的心都有啊！"多年后，高德康回忆说，"可是考虑到还有好几百人等着吃饭，就觉得我必须要为他们负责，为企业负责。我高德康活着，不仅仅只为自己。"

高德康于是横下一条心，决不坐以待毙，他决定全面考察东北市场，以便找出波司登销路不畅的原因。通过细致的市场考察，他得出了结论：波司登失败的原因并不是在于新品牌，而是面料、款式、板型等不适合北方人的体形与需求。于是高德康对面料、款式、板型等进行了一次改革,同时在全国各地成立了办事处,与商场直接挂钩开拓市场,结果波司登新款羽绒服推向市场后一炮打响,销售了 68 万件,首次摘得了全国销量第一的桂冠。

接下来,一切都那么顺风顺水,市场捷报频传,从 1995 年"波司登给你亲人般的温暖",到 1996 年、1997 年"波司登使四海成为一家",到 1998 年立志"创世界名牌,扬民族志气",再到"世界品牌,民族骄傲",波司登每年都以成倍的速度发展,到 2006 年已连续 12 年全国销量遥遥领先同行,占据了中国防寒服市场的半壁江山。更值得骄傲的是,据统计,2006 年,全球1/3的羽绒服产自波司登,高德康统率的波司登成为 16 家具有国际竞争力的中国企业中唯一的服装品牌。

二、从企业家到慈善家

在缔造名牌、致富一方的同时,对社会抱有高度责任感的高德康多年来一直关注弱势群体的生活,热心公益事业,努力造福社会,积极投身扶贫助学等各项慈善公益事业,累计捐款、捐物达 2 亿多元。2005 年 4 月,"慈善中国——2005 年中国大陆慈善家排行榜"出炉,高德康名列排行榜第 41 位。

对于高德康而言,个人钱财的多少已经没有什么炫耀意义,只不过是一组组数字而已,出身农村的他一直在思考人生的意义。对他而言,企业的社会效益和经济效益是同样的重要。

20 世纪 80 年代,高德康在自己企业还很弱小、赚钱不多的时候,就为全村每一位老人买了一个铜制"汤婆子",供老人们冬天暖和手脚。有了一定经济实力之后,高德康就给村里的敬老院捐款,他每年都拿出 20 多万元资金为全村的老人发放"养老金",至今已坚持发放了 11 年,他也给村里的贫困户送去补助物资,还投资办了多家福利企业。

到了 90 年代中后期,尽管高德康已然富甲一方、赫赫有名,但他仍保持着普通农民勤俭朴实的作风,保持着艰苦朴素、廉洁自律的风范。高德康内心一直满怀对家乡人民的深厚感情,立志要带领村里人共同富裕。现任康博村村委会主任、村主任的李炳元回忆那段岁月时感慨地说:"当时高总的父母都年近 80 岁了,还住在村里陈旧的宅院里。其实只要他愿意,完全有能力为两位老人单独造一所别墅楼,让父母安享晚年。但是,高总没有,他心里装的是全村的父老乡亲。他要为全村人建现代化的别墅村,让大家一同过上好日子。"

到了 1999 年，高德康更是做了一件让全村老少一辈子都记得的好事。这一年，波司登在家乡开始建设占地 230 000 平方米的康博苑，计划科学建造 300 多幢别墅式住宅以供村民们居住。经高德康与镇领导商议，决定将镇里每年从波司登收取的各种费用的返还款，包括发给高德康本人的奖金，全部用于康博苑小区的建设。几年来，波司登为该别墅小区的修建、拆迁补贴和小区基础设施配套工程建设共投入了 7 000 多万元。2003 年，326 栋漂亮宽敞的现代化庭院式别墅落成，全村 400 多户、1 500 多名农民住进了"小洋楼"。2005 年 2 月，康博村被评为 2005 年"全国十佳小康村"，成为我国新农村建设的典范和各地农村学习的榜样。

波司登的口号是"让人与自然更和谐"，其倡导的绿色环保理念不仅贯彻到企业产品上，更体现在近年来其一系列的公益活动上。2000 年 11 月，波司登积极响应由共青团中央、全国绿化委员会、环保总局等发起的"保护母亲河行动"，拿出 1 000 万元设立"波司登保护母亲河奖励基金"，这一举动彰显了一名企业家强烈的社会责任感。

此外，波司登先后支持和赞助西部科考、南极科考等活动；松花江、长江流域发生大洪水，波司登慷慨解囊，捐款捐物；"非典"肆虐，波司登又义不容辞，捐赠 108 万元；面对贫困学子，波司登伸手援助之后，出资 100 万元建立常熟市昆承中学，拿出 12.9 万元为山西左权县麻田镇大岩村建造希望小学，向中国人民大学捐 50 万元，设立奖学金……据波司登公司不完全统计，该公司回报社会的金额累计达到 1.7 亿元。透过这一数字，我们看到了一个企业家到慈善家的品格、境界和形象的提升。

三、从富豪到爱国者

北京时间 2006 年 2 月 24 日凌晨，第 20 届冬奥会意大利古城都灵的萨兹杜克斯雪场上，中国选手韩晓鹏凌空一跃，随着他的翻转腾挪，那一身鲜红耀眼的滑雪服，犹如一道彩练划过皓空，令世界为之惊叹。在场的国际奥林匹克官员竖起大拇指连声说 OK！正是这大跨度的一跃，实现了中国在冬奥会历史上男子项目金牌零的突破，从而实现了中国在冬奥会历史上雪上项目金牌零的突破，书写了中国在冬奥会上的崭新历史，令中国人扬眉吐气。同时为这一跃呕心沥血，提供自主研制，既有科技含量又极富民族特色,矢志要让国产滑雪服在冬奥会亮相的波司登集团,也奠定了其在国际顶级赛场上的运动服高端品牌的地位,完成了由民族品牌向世界品牌,中国名牌向国际名牌的飞跃与升华。

韩晓鹏获奖了,波司登成功了,高德康更是圆了自己的爱国梦。以往获奖运动员所穿的滑雪服,都是从国外进口的,这对于中国人来说,实在是个遗憾。第20届冬奥会之前,高德康与国家体育总局的领导取得了联系,恳请让波司登来为运动员量身定做滑雪服。当高德康提出这个请求时,这位官员对波司登的实力并不太确信,他表示,这次滑雪项目的希望就集中在韩晓鹏身上,如果波司登设计的比赛用服稍微有点差错,就会极大地影响他的发挥,这很可能导致运动员的终身遗憾。于是高德康把1998年中国登山队员穿着波司登羽绒服攀登珠峰,科考队员身穿波司登羽绒服考察南极和北极的辉煌经历向这位官员娓娓道来,他终于被说服了。高德康当即组织了一套攻关班子,经过整整半个月的精心策划和设计,终于做出了第一件高科技含量、高品位的滑雪服。选手们试穿后非常激动,而高德康的爱国情怀也得到了淋漓尽致的抒发。从小裁缝到大老板,又从企业家到慈善家,最后再从富豪到爱国者,高德康的三次人生拐点昭示了和谐社会优秀企业家们的共有品质。

案例分析题:

1. 你阅读"高德康成功的故事"有什么收获? 你认为成功应该具备哪些条件?

2. 如果你创业成功了,会像高德康那样富贵不忘乡亲吗? 如今越来越多的企业追求社会效益和经济效益的统一,这是企业实现可持续发展的必然选择吗?

苏商精神
大商之魂

苏商与苏商文化

> 老子曰:"天下莫柔弱于水,而攻坚强者莫之能胜,以其无以易之。弱之胜强,柔之胜刚,天下莫不知,莫能行。"
>
> 启示:现代苏商要像水那样柔弱趋下、平而后止、深沉平静、不求报答、洗涤污秽,才可以做大做强做优企业。

环境与人文息息相关。气势磅礴的长江黄河孕育了地大物博的华夏文明;地中海沿岸的自然风光是古希腊文化的摇篮;世界最长的尼罗河孕育了灿烂的古埃及文明;幼发拉底河的盈消涨落波及古巴比伦的荣枯盛衰;冈底斯河孕育了古印度文明。南北方民风汇聚、开放与守恒并举、人文与物华共荣的江苏,江河湖海并存,紫金山、天池山等屹立点缀。古人说:"智者乐水,仁者乐山",水的流动让人机灵聪明,山的镇定让人宽厚大度。水,柔韧包容;山,开放坦荡。水的韵律,山的精气,共同孕育江苏商人的爱国惠民、乐于奉献、开放包容、勇于创新、诚信稳健、求真务实、竞合双赢、团结协作、敢为人先、顽强拼搏的精神。

一、爱国惠民的奉献精神

苏商能在并驱争先的商场立于不败之地,正是因为他们具有奉献精神。一个不讲究奉献,不懂得感恩,没有社会责任感,只是一味赚钱的商人,注定不成气候,不堪造就。奉献是苏商成功的一大原因,奉献就是要爱国惠民,国家、人民是奉献的对象。故苏商讲求回报国家、回报社会、回报人民。

自古苏商多奉献,春秋末期著名经济学家范蠡三散家财是惠民,后人赞之:"忠以为国,智以保身;商以致富,成名天下。"元末明初江南第一富豪沈万三海外贸易,富可敌国,捐资修都城的三分之一,又请求出资犒劳军队,本意是为朝廷分忧,富而不忘国家和军队,是奉献。

近代苏商在实业报国、救国方面成就卓著。张謇是近代苏商的领军人物,中国棉纺织领域早期的开拓者。目睹甲午惨败,清王朝江河日下,他弃官从商,奋力开拓实业救国的道路,一生创办了 20 多家企业、370 多所学校,为中国近代民族工业的兴起、教育事业的发展做出卓越贡献。被誉为"中国实业之父"的盛宣怀创造了 11 项"中国第一",他非常热心公益,设慈善机构"广仁堂",积极赈灾,创造以工代赈的方法,疏浚河道,名垂后世。"纺织巨子"刘国钧提倡"土纱救国",8 年间使大成企业从 1 个厂发展到 4 个厂,纱锭由 1 万枚发展到 8 万枚,资金由 50 万银圆发展到 400 万银圆,8 年增长 8 倍,被当时经济学界誉为罕见的奇迹。他富不忘道义,出资赞助常州、靖江等地公益事业,后人为其塑汉白玉雕像用以纪念他。民族企业家荣氏兄弟共经营开设 12 家面粉厂,其"兵船"牌面粉畅销国内外,享有盛誉,被誉为"面粉大王"。他们功成名就后,修桥 100 多座,捐资办学校,不断回馈社会。陈光甫在民族危亡之际,赴美国促成 2 500 万美元的"桐油借款"和 4 500 万美元的贷款,为抗战做出了重要贡献。刘鸿生抗美援朝时,带头捐献飞机大炮……他们办实业不是为自己一家一族发财致富,而是为了抵御外侮,实业救国。

现代苏商传承实业报国的光荣传统,在惠民回馈社会方面,更是不遗余力。周海江心系公益事业,个人出资 300 多万元设立"七一红豆奖学金"等基金用于公益;抗击新冠疫情,他个人捐款 1 000 万元,还带领红豆集团向柬埔寨捐赠 100 万只口罩,向美国中国总商会以及海外客户、海外学子等陆续捐赠口罩和防疫用品,为全球抗击新冠疫情做出了积极贡献;迄今他和红豆集团已累计向社会捐款捐物 5.5 亿元。高德康努力造福社会,为乡亲造 326 栋漂亮宽敞的现代化庭院式别墅,让全村 400 多户、1 500 多名农民住进了"小洋楼";他积极投身扶贫助学等各项慈善公益事业,累计捐款、捐物达 1.7

亿元。沈文荣尚俭戒奢,对自己很小气,舍不得吃穿,出差尽量不住宾馆,出国考察从来舍不得买公务舱的机票,但他和沙钢用于社会福利和公益事业的资金超过亿元,仅汶川大地震就捐出8 136万元善款。蒋锡培关注弱势群体,先后安置了2 000名残疾员工,接近员工总数的四分之一。

现代苏商周海江、高德康、沈文荣、蒋锡培等都具有高尚的奉献精神。他们秉持现代苏商精神与党"同心",坚守实业和发展壮大实体经济,积极投身"光彩事业""同心工程"、感恩行动和社会慈善事业,通过富而思源、富而思进,回馈社会、造福社会,促进共同富裕,实现产业报国的大志和大义。他们在亚洲金融风暴、美债欧债危机、新冠疫情等一次次冲击下,岿然屹立。

纵观历史,回望现今。透过江苏商人的一系列爱国惠民举措,我们发现,苏商非常善于处理义与利的关系。他们践行"义利兼顾,以义为先"的理念,主张"君子爱财,取之有道",他们有能力追求利,但追求的是"仁中取利,义中求财"。他们富而有德,以"利"来推动社会进步;他们富而怀仁,以"义"来支持社会的公平与正义,促进社会和谐。江苏商人普遍认为,一个企业家只有具备了奉献精神才能长久立足于商界;他们明白奉献的意义,关键的一点就是有爱心,懂奉献;他们爱国惠民,赢得了心悦诚服的好口碑、众望所归的人心和用之不竭的市场。

 情境案例

谈苏商奉献的意义

江苏××职业技术学院2019级物流管理专业开设了很有地方特色的《漫话苏商》课程,学校为了了解收效如何,围绕几个问题,召开了座谈会,其中有个问题:苏商功成名就以后,一般会主动回馈社会,请谈谈苏商奉献的意义。

座谈会上有一位同学针对苏商奉献的意义这个问题做了如下回答:

江苏商人的一系列爱国惠民、奉献社会的举措很有意义。他们以"利"来推动社会进步;以"义"来支持社会的公平与正义,促进社会和谐。因为他们具备奉献精神,所以能长久立足于商界。他们爱国惠民,赢得了心悦诚服

的好口碑、众望所归的人心和用之不竭的市场。

案例评价：

该同学即兴作答，简明扼要，采用的是教材的观点。该同学谈话的主旨正确，组织材料迅速。教材对这个问题虽有阐述，但没有明显的小标题，也没有提示的观点句，能够明确编者的观点，可见该同学学习比较认真，能吃透教材。

二、开放包容的创新精神

百年不遇的新变局下"创业创新创优、争先领先率先"的江苏精神是传统苏商创新创业精神与时俱进的发展，是现代苏商开放包容的创新精神之源。"创新是一个民族进步的灵魂，是一个国家兴旺发达的不竭动力。"这是人类历史发展的经验，是反复证明的客观真理。创新是取得新的创造性成果的过程。科学家的发明创造是创新，企业家依靠智慧解决企业发展中的实际问题更是创新。创新离不开精神的支撑和激励。创新需要苏商具有强烈的责任感和使命感，只有不断强化这种理念，现代苏商才会殚精竭虑地去谋求现有条件下的新突破、新发展，才能养成勇于创新的锐气，才能善于发现自我，否定自我，突破自我，才能在竞争激烈的市场环境中创造机会，发现机会，把握机会，开拓更加辉煌的事业。当今世界，具备自主创新能力显得特别重要。自主创新是企业发展到一定阶段的产物。如果在创业阶段企业只能靠汗水赚钱，那么，自主创新让现代企业主要靠智慧获得发展。

开放包容的创新精神是江苏商人的一个显著特征。所谓开放包容的创新精神，是指苏商在一次次时代变迁中善于接受其他商帮和外来文化的精华，既不消融主体性主导下的勇于创新，也从不动摇对多元文化吸纳兼容的积极态度。千百年来，大运河一直影响着古代苏商的走向，它不但塑造了无数传奇商人，还缔造了顶级的商业大都市，吸引了大量外地商人前来经商置业。开放包容同样反映在传统苏商对待外地商户的行为和态度上，养成与北方商帮不同的开放包容式经商理念。江苏境内苏州、扬州、金陵、无锡等地都留下了晋商、徽商甚至波斯等海外商人的经营足迹，而徽商、晋商等商帮在江苏境内广泛涉猎烟、酒、茶、盐等各行各业，其中经商致富者数不胜数。这是苏商开放包容的结果，"山不拒细壤，方能就其高"；这是苏商更高层次的精明,体现了苏商思想开放、眼界开阔、胸襟坦荡,反映出古代苏商在复杂的市场中处理人际关系的技巧和艺术。

近代苏商注重吸收西方现代文化,化为我用,在经营中引进西方的先进技术、设备和管理经验。例如,盛宣怀在当时内忧外患的窘境下,采取一些超前做法,引进许多新生事物,使近代工业逐渐深入中国。张謇作为开路先锋,领先制度创新,尝试从国外传入的公司制度。荣氏兄弟注意从国外引进先进设备,聘请在外企工作过的技术人才。特别是近代苏商向金融业的华丽转身,更好地支持和发展实业。他们善于将看似矛盾对立的双方协调统一,巧妙地化解矛盾,把思想和精力集中到化危为机上。他们善于摆脱狭隘视域和地域羁绊,克服自我陶醉、沾沾自喜、优越自负的不良心态,吸纳消化天下精华,通过湖河江海的相容相通更好走天下。开放包容使他们进退自如,有充分的回旋转圜机会。

苏商深受水乡文化的影响,水乡文化造就苏商开放包容的特征。水,蒸发为气为云,降落为雨为雪,凝结为霜为冰,随境变形,可轻盈,可飘逸,可厚重,总能适应社会。苏商学习水无形无势、善于适应的精神,其实是在倡导一种处世哲学,要如水一般,善于将不同文化背景的员工融合起来,形成凝聚力;学会容忍多元文化的相依并存,"海纳百川,有容乃大"。水乡文化也使苏商更具前瞻性,更早领会到创新的作用。现代苏商以更加开放包容的姿态走向全国,走向世界,他们已经成为全国经济发展的重要力量,成为参与经济全球化的积极力量。他们对外来科技文化采取去伪存真、去粗取精、扬长避短的态度,把创新和包容融为一体,展示海纳百川的博大胸怀。现代苏商在奋进发展的过程中,对企业的理论创新、体制创新、战略创新、技术创新、产品创新、文化创新、管理创新等创新活动从来没有放松过。一批又一批成功苏商的典型,其最重要的特征就是把开放创新作为企业发展的灵魂,开放创新是苏商持续发展的根本。

当前,苏商正在大力拓展创业创新创优的新的发展空间,积极推进自主创新,加强关键科技攻关,开发具有自主知识产权的核心技术,提高产品科技含量和附加值,以品质取胜,创立自己的品牌形象,加速科技成果的转化,实现企业规模的健康扩展;依靠技术创新能力的积累和提高突破发展瓶颈,依靠健全的创新体制和灵活的创新机制,以及雄厚的创新人才资源支撑经济社会的新发展,建设创新型企业,实现经济发展的转型升级,继续发挥江苏经济争先发展、领先发展、率先发展的主力军作用,在新一轮国际产业转移浪潮中保持江苏的领先地位。走出去的苏商积极融入当地社会,携手当地商帮,全方位、多层次、宽领域合作与交流,他们在海外创建开发区,创办研发中心,运营企业和运作市场,呈现了加快"走出去"、能够"走进去"、努力"走上去"的喜人景象,促进了江苏经济外向型发展的崭新格局。

三、诚信稳健的求实精神

诚信稳健的求实精神是江苏商人的又一突出的特征。诚信是日常行为的诚实和正式交流的信用;稳健是稳当有力,是稳重、持重,不轻浮冒失,不急进,不过激;求实就是从实际出发、实事求是,大胆地坚持真理,无畏地修正错误。所谓诚信稳健的求实精神,就是坚守实业,踏实守信,使实体经济沉稳健康发展壮大的务实态度和行为;就是稳中求实,稳中求进,稳中求快,稳中创优,夯实苏商发展和社会经济发展的常青基业,为民族、为国家、为人民,客观冷静地观察分析复杂多样千变万化的经济走向,以求对客观经济规律的正确认识和把握,以实事求是的精神去进行探索和做出创造性的行为选择,创造更多的财富。

诚信是苏商求实精神的突出体现,是为人的基本道德准则,是商人的第二个身份证。诚信是诚实无欺,信守诺言,言行相符,表里如一,是社会交往和商业活动的基础,也是现代商业信用体系的行为准则和核心价值。鲁迅说:"诚信是为人之本。"张謇提出:"人可以穷,可以死,不可无良;国可以弱,可以小,不可无信。无良,不人;无信,不国。"荣德生提出:"心正思无邪,意诚言必中""经营事业,信用第一",认定"吾辈办事业……必先正心诚意,实事求是,庶几有成。"近代苏商大多是信守传统道德,讲究操行气节,讲求实际,脚踏实地,实事求是,尊重科学的"绅商"。他们认为"信义经商"是苏商立业之基、经营之道。现代苏商红豆集团总裁周海江把诚实守信确立为企业发展的准则。在周海江看来,不管是个人,还是企业,诚信都是最好的名片。苏商有着极强的诚实守信、守法守约、追真求理的精神,他们在借贷还款、货款结算、税款缴纳等方面重诺守信自律,他们认为诚信是稳健快速发展的基础。

现代苏商都理解求实这种科学精神对于工商业发展的意义。但是，在现实的社会生活中，企业家要始终如一，把求实态度落实到自己的行动上，却是不容易的。在现代社会，企业家呼吁：要根据市场经济的需要，把诚信制度化，构建成一种包含信贷、纳税、合同履约、产品质量、信用记录等在内的社会信用体系。现代苏商认为只有构建社会信用体系才能有效地保障各种经济行为的守信、负责，提高社会经济运行的质量和效率，提高整个社会的责任意识。明智的苏商知道影响诚信的是计划经济体制，因为其产权不明晰，一切财产都是公家的，这就使得没有人对财产承担责任；债权人失去了追讨债的内在动力，反正不是欠自己的钱，还不还，自己没利益，也没责任，何必得罪人去讨债呢？欠债人也没有负罪感，反正都是政府的钱，这个口袋换那个口袋而已。诚信在计划经济体制下遭到重创。现代苏商纷纷进行体制创新，蒋锡培坚持诚信稳健的求实精神，进行了 5 次审时度势的改制创新，对于他和远东控股集团而言，制度创新特别关键，制度创新使公司迅猛发展，超常发展，为公司基业之树常青奠定了重要基础。红豆集团周海江等不少现代苏商都是坚持诚信稳健的求实精神的典范，他们为了明晰产权都积极改制，实施民营化。

苏商坚持求实精神的一大目标是保证诚信。他们明白经济利益决定诚信。当诚信与经济利益无关时，它有存在的合理性吗？市场经济要以诚信为基础，要让诚信与利益相关，把利益与诚信联系在一起的是制度。这种制度的核心是只有诚信才能成功，谁不讲诚信就让他灭亡。如果官员统计数字造假或用假信息欺骗公众反而可以升官，如果企业造假可以发财，或者对造假者的惩罚小于他们所获的利益，社会哪里会有诚信呢？只有对官员造假一票否决，企业造假罚得倾家荡产时，人们才不得不讲诚信。时间长了，人们就会自觉讲诚信，不用靠惩罚。而要达到这样的效果，必须要有求实的精神。作为现代企业治理者的苏商识明智审，从传统社会转向市场经济必须有相应的诚信体系，关键是实施把诚信与利益联系在一起的制度。我们对英国批判现实主义作家狄更斯笔下那种债务人在监狱的惨状感到触目惊心，对破坏诚信所遭受的严重后果感到不寒而栗。但正是由于这种严酷的打击，才有普遍的社会诚信和经济繁荣。不付出这种代价就不会有社会的进步。现代苏商承担着求实责任义务，首先，在自己企业里严惩不讲信誉的行为。对不诚信者的宽容是对诚信者和整个社会的犯罪。这就意味着现代苏商必然要建立员工诚信与企业经济效益挂钩的制度。现代苏商正在攻苦食淡地躬行实践,如对质量有问题的产品全部报废等。

现代企业在制定法规和制度时要体现诚信与利益的一致性。比如,对造假者罚款就不该有上限,惩罚也不仅仅是交钱了事,而是应该受到制裁。对于拒不还款的债务人,不能以任何原因赦免,要像追捕那些重大刑事犯那样追到天涯海角。我们用以保证诚信的制度和实施还是太仁慈了。现代市场经济需要的已不是传统苏商那样的有限诚信,而是整个社会的普遍诚信。这就要求我们建立健全保证包括企业在内的社会诚信制度。制度的基本功能是约束和制约品质差的人干坏事,激励品质好的人做好事。制度是为决定人们的相互关系而人为设定的一些规则和制约,是为规范社会秩序服务的。诚信制度构造了人们在政治、社会和经济方面发生交换的激励结构,诚信制度的变迁同时决定了经济发展和社会演变的方式。而完成这个使命需要现代苏商继续坚持诚信稳健的求实精神,实事求是地面对现实,积极参政议政,稳步构建社会信用体系,从而使整个社会普遍恪守信用,赋予整个社会治理体系以活力,永不僵化。同时能够使作为现代企业治理者的苏商养成一种良好的职业品性,即在现代社会治理活动中表现出脚踏实地、真抓实干的工作作风。

 情境案例

阐述诚信的内涵

江苏××职业技术学院 2019 级物流管理专业开设了很有地方特色的《漫话苏商》课程,学校为了了解收效如何,围绕几个问题,召开了座谈会,其中一个问题是请阐述诚信的内涵。

夏××同学阐述如下:

韩震、刘翔、薛刚在《诚信》(英文版)一书中指出:"诚"即诚实诚恳,主要指主体真诚的内在道德品质;"信"即信用信任,主要指主体"内诚"的外化。"诚"更多的指"内诚于心","信"则侧重于"外信于人"。"诚"与"信"一组

合，就形成了一个内外兼备，具有丰富内涵的词汇，其基本含义是指诚实无欺，讲求信用。作者认为，千百年来，诚信被中华民族视为自身的行为规范和道德修养，形成了其独具特色并具有丰富内涵的诚信观。这样的诚信观在当今的市场经济和构建社会主义核心价值体系中具有极其重要的道德作用。

中国古代，"诚"和"信"本来是两个意义相近的词，常常用来互相训释。但细释古书可以知道，"诚"和"信"二字，意义并不完全相同。"诚"的本义是真实、真切，引申为人的道德情感和社会行为时则有诚实、真挚等含义。"信"的本义是求真、守诚，引申为人的道德情感和社会行为时则有追求真理、信守承诺等含义。如果从思想史的角度去观察，就可以发现，上千年前，儒家对"诚信"的内涵有着详细的解释。主要有三点：一是以"诚"为真实无妄的本然之道；二是以"诚"为道德之本、行为之源，而以"信"为德目之一；三是重视"诚"的实践，强调言行一致。

那么，在当代中国的社会背景下，诚信又具有什么新的内涵呢？首先，既然诚信的根本精神是真实无妄，那它就要求人们尊重客观规律，树立求实精神。在诚信这把精神的标尺面前，一切的虚情假意和欺瞒诈骗都将无所遁形，遭到无情的揭露与批判。其次，作为一种价值观念，诚信具有公正不偏的特性。它要求社会群体建立公正合理的制度，要求每个社会成员树立起公平的处事态度以及大公无私的道德观念。再次，诚信所内含的人文精神，要求人们自觉守法，真诚守信，树立起适应市场经济体制和法治社会的价值观和道德观……

案例评价：

夏××同学学习态度很端正，对这次座谈会准备得很充分，就"诚信"问题查阅了不少资料。谈不上博览群书、博古通今，但他敏而好学，其精彩的阐述开阔了同学们的眼界。

四、竞合共赢的协作精神

竞合就是竞争合作，是基于竞争对抗性恶果的充分认识，权衡利弊后各方选择合作受益的态度和言行。共赢是中国的对外开放战略，也指企业互利的经营策略或人与人之间理性互让求同的收益。协作是指为达到某一目标,国与国、企业与企业、部门与部门、个人与个人之间的协调与配合。苏商坚持竞合共赢的协作精神是为了实现规模经济,降低成本,争取非零和博弈而协调融合产生的互补创新效应。

古代把有固定店面的商人称为"坐商",把赶市摆摊做小买卖的称为"行商",古代苏商大多属于坐商。古代苏商受传统小农经济思想的影响,"小富即安、小成即满",安于现状,自给自足,封闭自守。

近代苏商从坐地行商向集团营商转变,从自给自足向通商竞争转变。当时主要有实业救国和发展商业对外通商两种竞争思想。资本主义工商业的发起者无锡人薛福成与商人多次交谈指出,商业竞争已成为中外交往的大趋势,要通过发展中国自己的商业优势,积极开展中外贸易之间的竞争,为自己争取更大的利权;近代著名思想家郑观应把"商战"看作是民族自立的前提条件,认为兵战祸显,商战祸大,兵战治标,商战固本。近代苏商开始积极思考发展对外贸易的具体途径,思想解放是行动转变的前奏,苏商大办实业,盛宣怀创造 11 项"中国第一"、张謇引领"南通模式"、范旭东领导"永久黄"团队创业、荣氏兄弟迅速办厂、刘国钧成就"纺织大王"等,近代苏商践行实业救国之理想,希望国富民强,抵御外侮,与西方列强抗争。

现代苏商从隐忍低调转向主动竞争。他们摆脱吴文化隐忍低调的精神束缚,不惧风险,主动抢占价值链高端。江阴法尔胜集团从麻绳到光绳的华丽转身就是鲜活样本。法尔胜本是生产手摇麻绳的街道小厂,后改做钢丝绳成为全球最大的钢丝绳生产基地,拥有大桥缆索等 5 个世界冠军产品,终结了我国桥梁建设绳索依靠进口的历史;后转型做光绳,法尔胜请来"世界光纤之父"高锟,携手澳大利亚国家光电子研究中心,向被跨国公司垄断的光棒产业全力冲刺……苏商还积极参与国际并购,实施国际化经营战略,实现发展新的突破,他们强内涵、扩外延,注重质的提高,在市场经济中寻找新的经济增长点。

现代苏商从精明沉稳转向创新竞争。当今具备自主创新能力显得特别重要,自主创新是企业发展到一定阶段的产物,自主创新让现代企业主要靠智慧获得发展。江苏初级生产要素的优势逐步消失,百年未遇之大变局下的竞争模式也发生显著变化。苏商调整过于沉稳的保守心态,大力推进自主创新,加强关键技术攻关,开发具有自主知识产权的核心技术,依靠技术创新能力的积累和提高突破发展瓶颈，依靠健全的创新体制和灵活的创新机制，以及雄厚的创新人才资源支撑经济社会的新发展，建设创新型企业，实现经济发展的转型升级，在新一轮国际产业转移浪潮中保持江苏的领先地位。

现代苏商从低端模仿转向品牌竞争。品牌是企业的无形资产，也是企业价值的源泉。苏商向品牌化进军，走品牌发展之路，以品牌这一通行证参与国际经济一体化的竞争。许多苏商视品牌为企业的灵魂，主动创品牌，自觉护品牌，积极抓品牌，大力保品牌，极力育品牌，用品牌带动管理创新，借体制创新和管理创新提升企业品牌竞争力。现代苏商善于运用品牌来延长企业的寿命。

现代苏商从品牌竞争进化到声誉竞争。在品牌时代，品牌的好坏，仅仅决定销售量的多寡；在声誉时代，声誉的好坏，就不是销售额多少的问题，而是企业生命有无的问题。无论企业的规模有多大，一场声誉灾难可使之瞬间垮掉。默多克经营了100年的报纸，仅仅因为一个丑闻，就不得不宣布彻底停刊。故现代苏商更加关注国计民生，更有社会责任感，更加追求高尚的情操，他们认为国际化不是企业发展的目标，而是实现目标的途径。民营企业追求的不是国际化本身，而是企业持续发展的目标，其本质就是要打造一个具有国际美誉度的全球知名品牌。

现代市场竞争激烈，国内外局势变化多端，商战不断，炮火连天。单纯地不惜牺牲他人利益来最大限度地获得个人利益的竞争，其结局或者造成竞争者的两败俱伤，或者强者以绝对优势将弱者赶尽杀绝后自己也将陷入僵局。可见，合作对于企业的发展至关重要。竞争与合作是企业发展的永恒话题。竞争是发展之源，却不是发展的全部。竞合才可以起到资源共享、优势互补的作用，可以提高合作者总体的竞争力。企业之间的协作可以壮大声势，改变行业规则，从而促进自身的发展。睿智精明的苏商秉承"没有永远的敌人，也没有永恒的朋友，只有永恒的利益"的原则，认为不善于配合是愚蠢行为，只会山穷水尽。苏商积极参与市场竞争，认为选择协作是智慧，维护协作是技巧，提高协作是能力，如格力与国美等，所以苏商总是坚持竞合共赢的协作精神。

 **情境案例**

解说何为竞合

××学院2018级物流管理专业学生卢××到××集团公司实习,刚好公司下属的两个超市之间因为竞争发生点纠纷,公司业务科负责人正要派人去调解,在思索如何让双方都比较满意时,旁边有人说了两个字"竞合",负责人随口就问卢××同学:"何为竞合?"

卢××同学想了想,说:"就是既竞争又合作。"

案例评价:

卢××同学作为××学院物流管理专业即将毕业的实习生,如果是书面回答问题,他的回答可以说是圆圄半片,他只说了"竞合"的大概意思。抑或平时学习就不够认真,不够深入,不求甚解,抑或时过境迁,遗忘了。但作为随意的对话,他也没丢人现眼,这样应答,基本正确。

竞合就是竞争合作,是基于竞争对抗性恶果的充分认识,权衡利弊后各方选择合作受益的态度和言行。

竞合是基于合作与竞争结合的经营战略,竞合是非零和博弈,可以达到双赢。

五、敢为人先的拼搏精神

江苏境内水网密布、河流纵横,江苏人民既享受水温婉柔美的恬静,也制伏水桀骜不驯的跋扈。江苏人民在战胜洪水猛兽、征服江河水患中深得水文化的精髓,培养了敢为人先、自强不息、锐意进取的精神。江苏濒临大海,自古以来海外商贸往来频繁,百舸争流,搏击风浪,攻坚克难;海涛汹涌澎湃,海燕迎风展翅,激发苏商争强好胜的雄心壮志和永不满足、坚忍不拔的拼搏精神。

苏商敢为人先的拼搏精神的深刻内涵是思想解放,敢冒风险,与时俱进,不断超越。这既是苏商的文化依托和支撑,也是苏商开拓拼搏的基因和动力。敢为人先是苏商及企业势如破竹持续发展的根本。伴随"互联

第六章 苏商精神 大商之魂

163

网＋"、人工智能、大数据、5G 通信等科学技术的迅猛发展,最具有活力和拼搏精神的江苏民营企业在新一轮创业浪潮中实现了新的跨越。2020 年,江苏共有 90 家民营企业入围 500 强,比上一年增加 7 家。除苏宁、恒力跻身前十外,沙钢集团、中南、盛虹、中天钢铁等 12 家江苏企业也跻身百强,共有 11 家企业营收突破千亿元。除苏宁、恒力、中南、沙钢外,盛虹控股集团以 1 925.36 亿元位居第 22 位,南通三建集团以 1 497.96 亿元位居第 31 位,中天钢铁集团以 1 300.15 亿元位居第 36 位,海澜集团以 1 232.25 亿元位居第 41 位,江阴澄星实业集团以 1 085.31 亿元位居第 48 位,亨通集团以 1 079.13 亿元位居第 49 位,协鑫集团以 1 013.71 亿元位居第 56 位。其中,江阴澄星实业集团首次进入营收千亿元俱乐部。

敢为人先的拼搏精神是江苏商人经营的基本特征。盛宣怀开创中国近代工商、金融、教育等领域的 11 个"中国第一";荣宗敬说"干得痛快,处处争第一";荣德生斩钉截铁地说"我就是要争第一";现代苏商"华西精神"缔造者吴仁宝,要创办的就是中国最好的工业化村镇,最好的股份制民营企业,追求和取得的业绩就是"华夏第一村";沈文荣瞄准行业世界先进水平,引领的沙钢集团实现了产品、产量、产业的跨越式发展,成为全国最大的民营钢铁企业,成为第一个进入世界 500 强的中国民营企业;恒力集团总裁陈建华领导企业向世界第一化纤企业集团奋斗,他的目标就是"让恒力成为世界品牌,做全球化纤业的巨子";无锡尚德成为全球最大的太阳能电池及组件制造商。江苏一大批民营科技企业在国内多个领域成为领军企业和骨干企业,成为新时代转型提质、率先发展的引领力量。例如,联创科技投资开发百余项拥有国家计算机软件著作权的自主知识产权软件产品,是国家软件信息的旗舰企业;恒瑞医药不断加大在医药研发领域的投入,在美、欧、日多地建有研发中心或分支机构,是国内最大的抗肿瘤药物的研究和生产基地。苏商还拥有全球最大的光伏太阳能产业、造船产业等,敢为人先的例证不胜枚举。苏商低调淡定,温婉尔雅,但这绝不影响他们敢于争第一,并雷厉风行地做成第一。

敢为人先的拼搏精神,是以稳健务实为坚实基础和底气的。稳健务实并不排斥他们勇往直前,锐意进取。无论是创业之初,还是开疆辟土扩张展业中,都展现了他们坚忍不拔、勇毅精进的精神。性格温和的荣德生,创业

苏商与苏商文化

雄心不亚于其兄长，他晚年规划"大天元计划"，包括金木水火土五大领域，他在答疑时说："对外竞争，非扩大不能立足"；就连文气十足的薛明剑、陈蝶仙，几十年辗转口岸和内地，兴办一系列企业，也显露出敢为人先、敢冒风险的拼劲。

敢为人先体现了苏商积极进取的思想意识，体现了他们从不被动，从不迟缓，从不停顿，总是奋发向上的精神状态。苏商有着"一定要走在行业发展前列、走在全国前列和走在世界前列"的责任心和使命感。正是这敢为人先的精神、意念和勇气，使苏商能够灵活机智地应对全球化的竞争与挑战，渡过一次次危机，把握一次次机遇，为民族、为国家创造越来越多的物质财富。弘扬苏商敢为人先的拼搏精神，就是要坚持科学发展、创新驱动和敢想敢干，始终保持不甘落后的精神状态、蓬勃向上的朝气和开拓进取的锐气以及追求卓越的志气，勇于争先发展，敢于领先发展，奋力率先发展。

"一万年太久，只争朝夕。"只要是下定决心干的事，江苏商人一定会全力以赴，如精卫填海，锲而不舍，不达目的誓不罢休。敢为人先的拼搏精神激励着江苏商人始终向着更加光辉灿烂的未来奋勇前进！

有两千多年工商业积淀的苏商精神，世代流芳，成为激励发展、鼓励创新的巨大动力，对于当今打造名省名市名校名企名店名商，实施特色竞争、差异定位，具有十分重要的现实意义。苏商精神已经逐渐向全国辐射，直接影响高职院校的创新、创业、创优教育。苏商的理念、经验、传统、文化、职业操守等，都是高职院校学生引以为豪和值得学习、继承的宝贵财富，它对大学生思想观念、社会行为、品格塑造、境界开阔等产生潜移默化的作用。高职院校肩负着传承工商业文化的历史使命，有义务通过区域苏商企业、工商遗迹、博物馆等场所呈现的文化内涵教育，提高学生工商文化底蕴，培养学生的职业素养，使之坚持文化自信，敢为天下先，勇于拼搏，善于合作，乐于奉献，在百年未遇之大变局下，在市场经济大潮中，不迷失方向，坚守诚信为本、义利并重、以义为先的商业价值观，并进一步弘扬苏商精神，让苏商精神在实现伟大的中国梦的征程中发挥事半功倍的作用。

 商例赏析

 苏商与苏商文化

老实经商，让企业散发光辉

提起商人，绝大多数人的第一印象便是"无商不奸"，尽管这是一句流行千百年的俗语，但并不等同于真理。在如今这个信息无比发达的时代，靠"奸"不仅无法在商场立足，更无法赢得广大消费者的信赖与支持。被大众所熟知的维维豆奶，便一直贯彻着老老实实经商的原则，并最终确立了自己在商场上的不败之地。

民以食为天，作为热饮品中的典型代表，江苏维维豆奶深知：必须把好产品质量关，来不得半点虚假，否则必然会名誉扫地。从成立之初到2000年在上海证券交易所成功上市，集团控股子公司维维食品饮料股份有限公司，一直秉承"健康生活，欢乐维维"的理念，旨在为广大消费者提供放心豆奶，美味豆奶。

如今"维维豆奶，欢乐开怀"的广告词已经深入人心，这家致力于"国际化、大型、综合性"的食品企业已经连续十多年名列市场占有率第一，其拳头产品"维维豆奶"也成为中国最畅销的商品之一。

偷工减料只能盈利一时，但不可能树立起产品的信誉，在产品质量上只有老老实实，不要花样，不"兑水"，才能以"超值"的实惠打动消费者。维维系列产品均是纯粮食制造，以2008年上市的系列产品为例，该产品的主要原料为燕麦、红豆、黑豆等，并辅助有荞麦、糙米、玉米以及大豆等多种谷物，更为难得的是这些原料均经过精挑细选，保证了产品品质的可靠性。

尽管维维豆奶在选材上十分老实，但在加工工艺上却并没有墨守成规，而是融合了传统的筛、配、焙、煮、磨等工艺，并结合现代食品高新技术，采用高压均质、超高温瞬时灭菌、无菌灌装生产而出，传统工艺与现代技术的结合，使得产品风味独特，香甜浓郁，爽口润滑。此外，由于原料精选多种谷物，所以营养均衡，能够有效补充人体所需的谷物蛋白，对维持人体健康平衡具有十分明显的效果。

截至2008年，维维集团已经实现销售收入110亿元，光利税就达到了

9.1亿元,靠着老老实实经商的理念,维维集团从一家只有几十个员工的小厂摇身一变成为江苏省50强企业,并成功入选中国100家最具价值的品牌,成为名副其实的"中国豆奶大王"。

从发展历史来看,维维集团很年轻,该集团成立于1992年10月,当时隶属于江苏省徐州市铜山县粮食局的一个小米厂,资产也不过只有百万元,但经过短短二十几年的发展,这家曾经毫不起眼的小米厂竟成了拥有总资产50多亿元的跨行业、跨地区的大型企业集团。提到企业迅速成长的秘诀,该集团董事长坦言:维维能有今天,靠的就是老老实实的经商。

2008年以后,粮食价格逐年攀升,这对于像"维维"这样的食品公司来说,无异于要打一场硬仗。当许多食品类生产商欢天喜地忙着对商品涨价的时候,"维维"没有一头扎进涨价大军,而是老老实实、恪守本分地经营,并竭尽全力克服原材料涨价带来的不利影响。

为了尽可能地为广大消费者提供物美价廉的商品,"维维"顶着全球金融危机的巨大风险,投资建设维维工业园和河南正阳粮油公司,事实证明,这种一步一个脚印,时时以消费者利益为先的经营决策是十分明智的。如今,不管是豆奶、牛奶,还是粮油、贸易以及各子公司都取得了良好的收益,"维维"的老实经营使得企业具有很好的可持续发展前景,为企业经营的多元化打下了坚实的基础。

产品质量就是生命,正是秉承这样的经营理念,维维集团从成立之初到今天一直注重质量,并在同行中率先通过了ISO9001质量体系认证和HACCP食品安全管理体系认证。作为国家农业产业化的龙头企业,维维集团浑身都散发着农民的质朴,没有洋气时尚的包装,没有故弄玄虚的炒作,更没有巧言令色的奸猾,本着"企业发展,农民致富"的发展目标,维维集团一直老老实实地经营、踏踏实实地管理,凭借消费者信得过的质量在竞争激烈的市场中赢得了自己的一席之地。

老实经营并不等于故步自封,维维集团在保持优势产品的前提下,也在积极地致力于新产品的研发和推广,并特地组建了一支实力不凡的科研队伍。如今,维维集团包含博士、硕士在内的各类科研人员已经达到了2 000多人,还设立了国际级博士后科研流动站,组建了省级"营养与功能食品研究开发中心"。强大的科研力量诞生了"豆奶粉物理速溶"等国际先进生产工艺,这为维维集团的发展注入了新鲜活力。

尽管以豆奶为主打产品,但维维豆奶的产品并不单一,诸如"维维牌豆奶""天山雪牌液体奶""天山雪牌牛奶"等都是维维集团的拳头产品。2005年,维维集团旗下的"维维牌豆奶"和"天山雪牌液体奶"还获得了"中国名牌"的荣誉称号。①

如今维维豆奶已经家喻户晓,连续十多年名列市场占有率第一、销量第一,并获得中国绿色食品协会颁发的"绿色食品"证书。尽管取得了不小的成就,但维维集团老实经营的原则并没有动摇。为了保障产品的质量,维维集团先后在山东济南、潍坊、济宁,陕西西安,湖北武汉,广东珠海,新疆北疆和南疆,宁夏银川,江苏徐州、无锡等地建设奶牛养殖基地和乳品加工基地,这些基地的建设,成功地保证了"天山雪系列产品"的高品质,这也正是该产品获得广大消费者认可的重要原因。

"奶源,才是好奶的根源",在原材料的选用上,"维维"从来不打马虎眼,即便是成本再高,也绝不为了压缩成本而选劣质奶,这种老实经营的做法,不仅让维维豆奶成为"中国学生饮用奶定点生产企业",还在市场上赢得了不错的口碑。

如今,维维集团依然在老实经营的道路上步步前行,为了推动奶源基地的建设,"维维"与澳大利亚畜牧局合作,并成功引进了万头澳大利亚荷斯坦奶牛,建立了多个欧洲园林式奶牛场,此举从根本上保证了奶源品质。质量就是生命,维维集团在质量把关上从来都是老老实实,也正是这种经营理念的引导,才有了今日的辉煌。

案例分析题:

1. 请同学们谈谈"老实经商,让企业散发光辉"这个案例给你什么启示。

2. 我们从第一章已经知道了苏商的内涵,本章让我们明确了苏商精神,你觉得我们为什么要探究苏商精神?

3. 我们今天应该如何看待苏商精神?未来我们应该如何发扬苏商精神?

---

① 重石. 苏商的突起[M]. 北京:北京工业大学出版社,2014:38-40.

参考文献 | REFERENCE

[1] 成光琳,杜柳. 中国商贸文化[M]. 北京:高等教育出版社,2019.

[2] 范金民,夏爱军. 洞庭商帮[M]. 合肥:黄山书社,2005.

[3] 范金民. 明清江南商业的发展[M]. 南京:南京大学出版社,1998.

[4] 顾明华. 苏州工商往事[M]. 苏州:苏州大学出版社,2014.

[5] 卢雄勇. 苏商精神及其社会价值[M]. 南京:江苏教育出版社,2011.

[6] 钱鹏飞. 苏商领袖[M]. 北京:机械工业出版社,2009.

[7] 钱志新. 百年苏商[M]. 南京:江苏人民出版社,2013.

[8] 孙万军. 图说老字号[M]. 北京:高等教育出版社,2019.

[9] 汤可可,王粤海. 话说苏商[M]. 北京:中华工商联合出版社,2011.

[10] 吴恩培. 吴文化概论[M]. 南京:东南大学出版社,2006.

[11] 张宝忠,俞涔,陈俊. 中华商文化[M]. 杭州:浙江大学出版社,2018.

[12] 张俊杰. 苏商模式[M]. 北京:中国经济出版社,2005.

[13] 重石. 苏商的突起[M]. 北京:北京工业大学出版社,2014.

[14] 毕天云. 冯桂芬的社会福利思想探析[J]. 贵州师范大学学报(社会科学版),2019(5).

[15] 陈峰燕. 改革开放 40 年南通市利用外资历程回顾及现状、对策分析[J]. 现代商业,2019(5).

[16] 陈敏. 刘鸿生:栽在蒋介石手里的"火柴大王"[J]. 史话,2010(4).

[17] 范金民.《姑苏繁华图》:清代苏州城市文化繁荣的写照[J]. 江海学刊,2003(5).

[18] 范玮. 改革开放 30 年——江苏外向型经济发展历程与展望[J]. 江苏商论,2009(1).

[19] 郭良婧. 浙商伦理与苏商伦理之比较[J]. 兰州教育学院学报,2014(6).

[20] 胡明. 改革开放以来我国乡镇企业的发展历程及启示——以 1978—1992 年江苏乡镇企业发展为例[J]. 党的文献,2008(4).

[21] 敬淼春. 宏观视野下明清时期苏州丝绸的国际辐射圈[J]. 浙江理工大学学报(社

会科学版),2017(6).

[22] 李玉. 中国近代公司制度建设的几个面相——以张謇创业为中心的考察[J]. 南京大学学报(哲学·人文科学·社会科学),2009(4).

[23] 刘春华. 冯桂芬、王韬、郑观应学习思想述评[J]. 枣庄学院学报,2015(12).

[24] 刘静,卢雄勇. 水文化与苏商伦理[J]. 学海,2012(3).

[25] 南京海关综合统计处课题组. 改革开放40年江苏对外贸易发展的历程、特征与挑战[J]. 海关与经贸研究,2019(1).

[26] 逄增志. 与互联网新晋巨头竞合共赢[J]. 医药经济报,2020(12).

[27] 唐跃军,李维安. 公司和谐、利益相关者治理与公司业绩[J]. 中国工业经济,2008(6).

[28] 王婷. 冯桂芬"采西学"思想探析[J]. 兰台世界,2020(7).

[29] 王晓燕. 从国家与社会关系看中小私营企业主的政治参与[J]. 扬州大学学报(人文社会科学版),2007(1).

[30] 王毅. 论建国初期江苏资本主义工商业社会主义改造的特点和历史局限[J]. 中共南京市委党校学报,2018(3).

[31] 吴跃农. 弘扬"优秀企业家精神"促进民营企业高质量发展[J]. 企业文明,2018(10).

[32] 吴跃农. 论苏商文化精神[J]. 非公经济,2013(3).

[33] 邢洪儒,贺志宇. 论中国改革开放四十年的发展历程和宝贵经验[J]. 中共石家庄市委党校学报,2018(12).

[34] 姚琦. 清末民初实业救国思潮及其影响[J]. 韶关学院学报(社会科学版),2004(1).

[35] 张怡中. 创新企业文化,推进企业科学发展的战略思考[J]. 湖湘论坛,2008(3).

[36] 朱季康,赵静. 和谐共进:再论江苏"资本主义第一春"出现的原因[J]. 江苏商论,2006(6).

苏商与苏商文化